MINISTÈRE DE LA GUERRE

DÉCRET
DU 28 MAI 1895

PORTANT

RÈGLEMENT SUR LE SERVICE

DES

ARMÉES EN CAMPAGNE

PARIS

IMPRIMERIE NATIONALE

—

1914

DÉCRET DU 28 MAI 1895

PORTANT

RÈGLEMENT

SUR

LE SERVICE

DES ARMÉES EN CAMPAGNE.

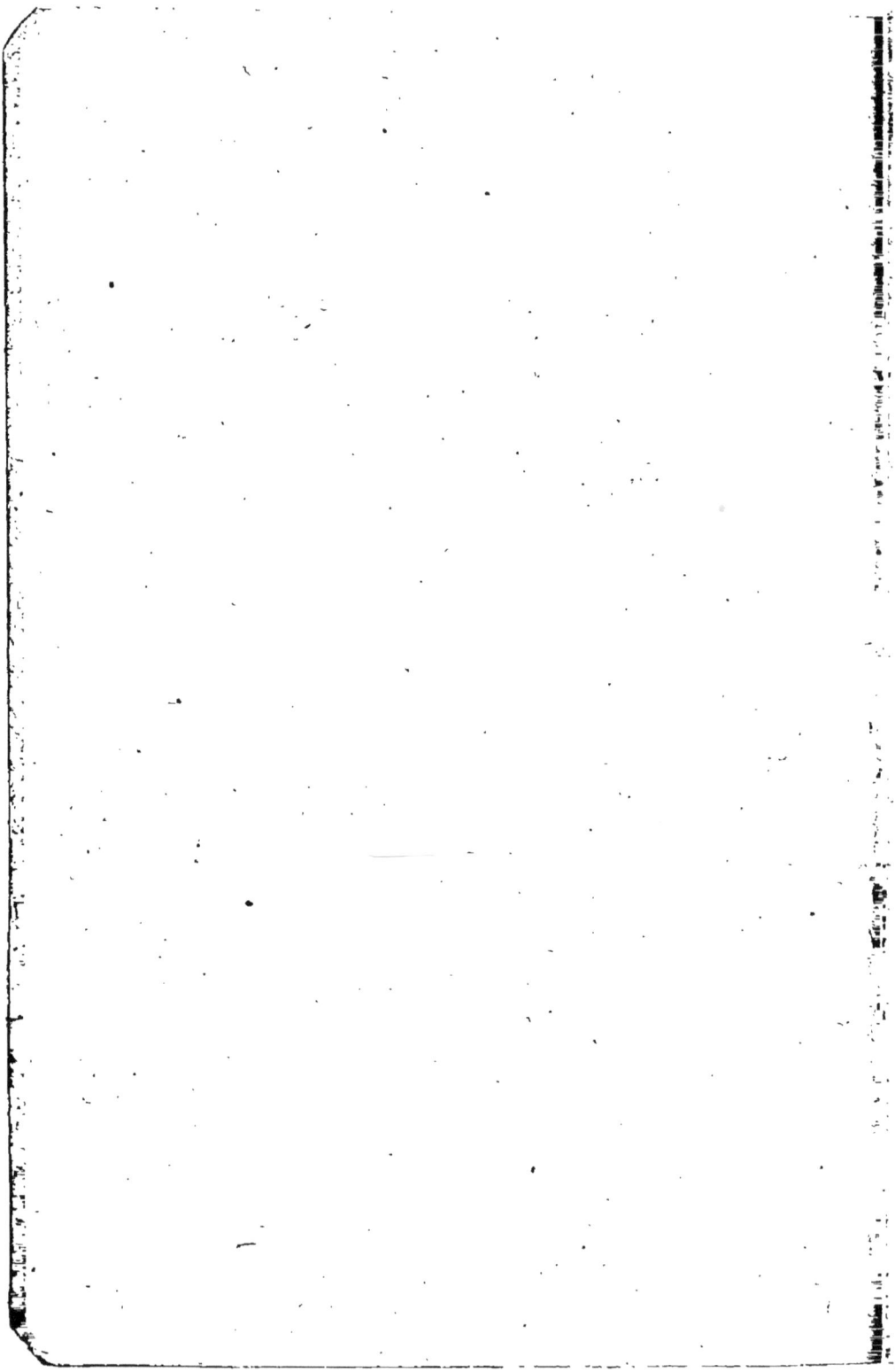

MINISTÈRE DE LA GUERRE

DÉCRET

DU 28 MAI 1895

PORTANT

RÈGLEMENT SUR LE SERVICE

DES

ARMÉES EN CAMPAGNE

PARIS

IMPRIMERIE NATIONALE

1914

RAPPORT

AU PRÉSIDENT DE LA RÉPUBLIQUE

SUR LE SERVICE

DES ARMÉES EN CAMPAGNE.

———

Paris, le 28 mars 1895.

MONSIEUR LE PRÉSIDENT DE LA RÉPUBLIQUE,

L'expérience des manœuvres exécutées au cours de ces dernières années, les modifications profondes apportées récemment à l'armement et à la constitution des armées, les conditions nouvelles que ces modifications introduiront dans les guerres futures, ont fait apparaître comme impérieuse la nécessité de reviser le Règlement du 26 octobre 1883 sur le service des armées en campagne.

Mon prédécesseur, M. le Général Mercier, a confié cette revision à une commission composée des représentants les plus élevés en grade de toutes les armes [1].

Cette commission vient de terminer ses travaux et m'en a présenté le résultat sous forme d'un projet de règlement nouveau comprenant 13 titres savoir :

TITRE I. — Organisation générale de l'armée.
— II. — Des ordres.

---

[1] *Composition de la Commission.*

Président : M. le Général de division DE COOLS, membre du Conseil supérieur de la Guerre ;

Membres : M. le Général de division DE VERDIÈRE, président du comité technique d'état-major, remplacé le 29 novembre 1894 par M. le Général de division DE FRANCE.
M. le Général de division COIFFÉ, président du comité technique de l'infanterie, remplacé le 23 mai 1894 par le général de division GIOVANNINELLI ;
M. le Général de division LADVOCAT, président du comité technique de l'artillerie ;
M. le Général de division PEAUCELLIER, président du comité technique du génie ;
M. le Général de division DE JESSÉ, président du comité technique de la cavalerie.
M. le Général RENOUARD, sous-chef d'état-major général de l'armée.

Rapporteur : M. le Colonel DELANNE, chef du 3ᵉ bureau de l'état-major de l'armée, puis commandant le 5ᵉ régiment du génie ;

Secrétaires : M. le commandant BOUROTTE, officier d'ordonnance de M. le Général DE COOLS ;
M. le capitaine DE MARGERIE, du 3ᵉ bureau de l'état-major de l'armée.

Deux de ces titres, relatifs à l'*exploration* et à la *sûreté*, ont déjà été rendus réglementaires par le décret du 11 mai 1894. Tous ont reçu l'approbation du Conseil supérieur de la Guerre.

Enfin pour répondre à un désir exprimé par le Conseil supérieur de la Guerre, j'ai fait établir un titre XIV, relatif au *combat*, qui a également été approuvé par le Conseil.

C'est l'ensemble du règlement ainsi complété que j'ai l'honneur de soumettre à votre haute sanction [1].

Il ne constitue pas à proprement parler une œuvre entièrement nouvelle.

Il procède du Règlement du 26 octobre 1883 dont il a respecté, autant qu'il était possible, la contexture et la forme qui sont familières à toute l'armée. Toutefois il en diffère sensiblement, et par l'esprit qui a présidé à sa rédaction et par un certain nombre de modifications qu'il me paraît utile de faire ressortir.

Il a semblé, en effet, que le Règlement sur le service des armées en campagne devait contenir plutôt des principes et des règles générales que des prescriptions formelles qui ne sauraient convenir aux circonstances si multiples et si variées de la guerre, et qui seraient de nature à paralyser l'initiative des officiers en les dispensant de réfléchir et de vouloir. C'est au commandement, à tous les degrés de la hiérarchie, qu'il appartient de surveiller et

---

[1] Les titres XVI et XVII (attaque et défense des places) du règlement de 1883 n'ont pas leurs correspondants dans le nouveau règlement. Tout ce qui concerne la guerre de siège fait l'objet d'une instruction générale approuvée à la date du 4 février 1899 et abrogeant les titres précités.

de diriger, dans les exercices ou manœuvres, l'application qui doit être faite de ces règles ou principes dans chaque cas particulier.

D'autre part, un règlement sur le service des armées en campagne, qui s'adresse à toute l'armée, doit garder un caractère très général, traiter les questions dans leur ensemble plutôt que dans leur détail, et avoir en vue les opérations d'une certaine importance exécutées par les troupes de toutes les armes. Les prescriptions de détail spéciales à chaque arme trouveront leur place dans les *instructions pratiques* concernant chacune d'elles.

Enfin il importe que les habitudes de service contractées en temps de paix restent en vigueur en temps de guerre dans la limite du possible. Pour ce motif, on s'est abstenu de reproduire dans le nouveau règlement toutes les dispositions des règlements sur le service intérieur et sur le service des places qui paraissent pouvoir continuer à être appliquées en campagne.

Tels sont les principes qui, d'une manière générale, ont servi de base à la rédaction du nouveau règlement. L'exposé ci-après a pour but de résumer, pour chacun des titres, les modifications principales apportées aux prescriptions actuellement régle-

mentaires et de faire connaître les considérations qui les ont motivées.

TITRE Ier.

Organisation générale de l'armée.

Le titre Ier ne renferme, au sujet de l'organisation générale de l'armée, que les
notions générales qu'il est indispensable de
faire connaître à tous les officiers. Le détail
de cette organisation, de même que le fonctionnement des divers services, est contenu
dans les lois, décrets et instructions relatifs
à chaque arme ou service, que les intéressés
pourront toujours consulter.

Il a paru nécessaire, pour éviter toute
confusion, de réserver le titre de *commandant en chef* aux commandants de groupe
d'armées et aux commandants d'armées opérant isolément.

Le règlement du 26 octobre 1883 édictait,
au sujet du droit au commandement, en cas
de formation de détachement, des dispositions dont l'application présentait une
certaine difficulté. Ces dispositions ont été
remplacées par l'obligation formelle, im-
posée à l'autorité militaire qui forme le
détachement, d'en désigner le chef, sous la
réserve que celui-ci soit d'un grade au moins

égal à celui de l'officier le plus élevé en grade faisant partie du détachement.

TITRE II.

Des ordres.

Le nouveau titre *des ordres* a été mis d'accord avec l'Instruction du 6 mai 1893 sur le service des états-majors, et ne contient que les principes qui sont développés dans cette instruction.

TITRE III.

Exploration.

L'exploration constitue un service bien distinct, indépendant des troupes en marche et ne contribue qu'indirectement à leur protection. Il est donc rationnel de la détacher du titre *marches* pour en faire l'objet d'un titre spécial.

Il a semblé nécessaire de spécifier nettement l'obligation qui incombe au commandement de donner à la cavalerie d'exploration des instructions précises sur sa mission, tout en lui laissant le choix des moyens d'exécution.

Le dispositif des escadrons et patrouilles de découverte indiqué dans le Règlement de 1883 n'est pas assez élastique pour répondre à la majorité des cas. En outre, il a l'inconvénient de ne fournir que des éléments battant l'estrade sur le front, tandis que l'essence de la découverte est de donner des coups de sonde sur des points et dans des directions déterminés.

En conséquence, le dispositif dont il s'agit a été supprimé, et on a admis que la découverte devait être assurée au moyen de reconnaissances d'officier et de détachements dont la composition et la force dépendent du but à atteindre et des circonstances.

TITRE IV.

Sûreté.

Le service de sûreté, que les troupes soient en marche ou en station, est subordonné à des principes généraux dont l'application peut seule différer suivant qu'il s'agit de l'un ou de l'autre cas. On a donc réuni en un seul titre *sûreté* les dispositions relatives à la protection des colonnes et aux avant-postes qui figuraient dans deux titres différents au Règlement de 1883.

Renseigner et *protéger* tel est en toutes circonstances l'objet du service de sûreté. Celui-ci est assuré, d'abord par la cavalerie opé-

rant en avant des colonnes ou des cantonnements (sûreté éloignée ou de 1re ligne), en
arrière par des détachements de la troupe
à couvrir comprenant de la cavalerie, de
l'infanterie, au besoin de l'artillerie et chargés d'en assurer la *protection immédiate*.

Il est, d'ailleurs, loisible aux commandants d'armée, pour assurer la sûreté de
1re ligne, de réunir les brigades de cavalerie
de corps, et aucun dispositif spécial n'est
recommandé à cette cavalerie pour l'exécution de sa mission.

Protection immédiate des colonnes. — On a
distingué d'une façon plus précise le cas où
les flancs-gardes sont simplement chargés
d'assurer sur le ou les flancs la sécurité d'une
colonne en marche, et celui où la colonne,
effectuant elle-même une marche de flanc,
a besoin d'être spécialement couverte du
côté de l'ennemi.

Les prescriptions relatives à la cavalerie
accompagnant les colonnes qui opèrent
isolément ont été mises d'accord avec les
principes posés par les *Observations sur
l'emploi des troupes de cavalerie appelées à
opérer avec des détachements de toutes armes.*

Avant-postes. — Le Règlement de 1883
expose dans des articles distincts divers

systèmes d'avant-postes qu'il intitule régu-
liers, irréguliers, d'infanterie, de cavalerie,
mixtes.

L'expérience a montré que ces distinc-
tions entraînaient dans la pratique une
certaine confusion, et qu'il y avait lieu de
les supprimer.

La cavalerie chargée de la sûreté de
première ligne ne fait pas partie des
avant-postes, et l'on doit réserver le nom
général d'*avant-postes* aux détachements
prélevés sur les troupes elles-mêmes, et
comprenant, outre l'infanterie, des fractions de la cavalerie divisionnaire et exceptionnellement de l'artillerie, quel que soit
d'ailleurs le dispositif adopté pour ces
avant-postes.

Pour éviter un malentendu qu'a pu
faire naître le mode d'exposition d'un sys-
tème d'avant-postes dans le Règlement de
1883, il a été nettement spécifié que le réseau complet d'avant-postes, tel qu'il est
défini, correspond à un maximum qui
n'est employé que dans des circonstances
exceptionnelles.

Il a paru indispensable d'engager la responsabilité des officiers généraux et, en
particulier, des généraux de brigade dans
l'établissement des avant-postes.

TITRE V.

Des marches.

L'accroissement des effectifs mobilisés aura pour conséquence l'emploi fréquent de colonnes considérables qu'on sera conduit à faire cantonner en profondeur pour leur permettre de faire du chemin de leur éviter des fatigues.

De là la nécessité de rendre moins formelles les prescriptions actuelles en ce qui concerne le point initial, l'alternance des unités, les grand'haltes, etc., prescriptions qui ne s'appliquent, en général, qu'au cas où la colonne occupe avant et après la marche des cantonnements concentrés.

On s'est préoccupé également de la nécessité de diminuer dans le voisinage de l'ennemi la profondeur des grosses colonnes et de faciliter éventuellement leur déploiement rapide.

Enfin on a renoncé à fixer un ordre de marche qui ne saurait se prêter à toutes les circonstances et qu'il ne faut pas, par habitude ou négligence, se dispenser de modifier, s'il en est besoin.

TITRE VI.

Cantonnements, bivouacs et camps.

Le titre VI remplace les titres IV (*des cantonnements, des bivouacs et des camps*) et V (*service dans les cantonnements et bivouacs*) du Règlement de 1883. Il n'en diffère que par quelques simplifications ou additions dont les principales sont les suivantes :

Campement. — On a spécifié que les campements pouvaient être renforcés par les fractions destinées à constituer les gardes de police des cantonnements. Cette prescription a pour but de permettre au commandant du campement de faire intercepter, s'il y a lieu, dès l'arrivée du campement, toute communication entre le cantonnement et l'extérieur et de prendre toutes les mesures d'ordre nécessaires.

Cantonnement d'alerte. — Le cantonnement d'alerte sera d'un usage fréquent pour certaines fractions de troupes aux avant postes. Son emploi exige certaines précautions qu'il a paru utile de rendre réglementaires.

Cantonnement-bivouac. — Dans les guer-
·es futures, on sera fréquemment obligé de
:oncentrer sur un étroit espace des troupes
l'un effectif considérable. Pour procurer à
a plus grande partie d'entre elles les avan-
ages d'un abri, on a introduit dans le Rè-
·lement le mode de stationnement désigné
ous le nom de *cantonnement-bivouac*.

Formations de bivouac. — Le Règlement
·e 1883 contient de nombreux détails sur
·s formations de bivouac de chaque arme.
· a semblé que ces détails étaient plutôt
u domaine des instructions pratiques des
·ifférentes armes et que le Règlement gé-
éral devait se borner à indiquer quelles
·nt les formations réglementaires.

Les formations adoptées sont les sui-
·antes : pour le *bataillon d'infanterie* la co-
·nne double et la ligne de colonnes de
·ompagnie; pour le *régiment de cavalerie*
· colonne d'escadrons et la ligne de ba-
·ille; pour la *batterie* la formation sur deux
·gnes actuellement réglementaires.

Commandement du cantonnement ou bi-
·uac. — Pour donner au commandant
·un cantonnement ou bivouac où sont
·unies des troupes nombreuses le moyen
· exercer son autorité d'une manière effec-

2

tive, le nouveau Règlement a créé le rouage du *major de cantonnement ou bivouac* analogue à celui du major de garnison en temps de paix.

Mesures d'ordre dans les cantonnements ou bivouacs. — Il y a un intérêt capital à laisser les troupes se reposer pendant la nuit, sans troubler ce repos par des transmissions d'ordres qui n'arrivent généralement qu'à une heure très avancée. Le Règlement nouveau a consacré, en conséquence, la disposition qui consiste à fixer une heure à laquelle, chaque matin, les troupes doivent être prêtes à partir et à ne communiquer les ordres qu'à ce moment.

TITRE VII.

Remplacement des munitions.

Les dispositions essentielles de l'Instruction du 9 décembre 1893 sur le remplacement des munitions doivent être connues de tous les officiers. Il a paru utile, pour ce motif, de les introduire dans le nouveau règlement sur le service des armées en campagne.

TITRE VIII.

Alimentation des troupes en campagne.

Ce titre, qui remplace le titre VII du Règlement de 1883, contient les dispositions principales de l'Instruction du 11 janvier 1893 sur l'alimentation en temps de guerre, sans entrer dans le détail du fonctionnement technique du service.

TITRE IX.

Réquisitions.

Le Règlement de 1883 se borne dans son titre VII à consacrer, pour les généraux, le droit d'imposer des contributions ou réquisitions en nature, et des contributions en argent.

Il a paru utile, dans l'intérêt de la discipline, d'inscrire dans le Règlement que la réquisition est caractérisée par ce double fait qu'elle ne peut être exercée qu'en vertu d'un ordre émanant de l'autorité militaire responsable, et qu'elle comporte reçu des prestations fournies. On a ajouté, enfin, quelques détails sur l'exécution des réquisitions.

TITRE X.

Détachements.

Le Règlement de 1883 traite :

1° Dans le titre X (*détachements*), des règles à observer pour la formation des détachements, sans donner d'indication ni sur leur objet ni sur leur conduite;

2° Dans le titre XIII (*des partisans*), des diverses missions qui peuvent être confiées à des détachements opérant isolément, et des règles à observer pour la conduite de ces détachements suivant la nature de leur mission.

Il a paru utile de réunir dans un même titre tout ce qui a trait aux détachements, en supprimant l'appellation de *partisans* qui ne répond plus à l'organisation des armées ni aux conditions de la guerre moderne, et en tenant compte des principes posés au titre Ier en ce qui concerne le droit au commandement.

TITRE XI.

Reconnaissances.

Le Règlement de 1883 distingue les reconnaissances ordinaires, les reconnaissances spéciales et les reconnaissances offensives.

Les définitions données pour les reconnaissances ordinaires et spéciales se confondent en réalité. Il n'y a donc pas lieu de maintenir ces deux dénominations qui semblent indiquer qu'il y a deux catégories de reconnaissances différant par leur objet.

D'autre part, le nouveau Règlement ayant traité dans des titres antérieurs des reconnaissances qui se rapportent à l'exploration et à la sûreté, il ne restait plus dans le Titre XI, qu'à envisager d'une manière générale les reconnaissances exécutées par les officiers ou petits détachements spécialement désignés par le commandement.

Enfin, on a maintenu l'indication des reconnaissances offensives, mais en spécifiant qu'elles sont du domaine du combat, et sans édicter à leur sujet des règles qui ne sauraient différer de celles qu'on admet pour le combat lui-même.

TITRE XII.

Des convois et de leurs escortes.

Le nouveau titre ne diffère du titre correspondant du Règlement de 1883 que par la suppression de quelques prescriptions de détail qui n'ont pas paru à leur place dans un Règlement général.

TITRE XIII.

Service de la gendarmerie aux armées.

Le titre XIV du Règlement de 1883 a servi de base à la rédaction du nouveau titre concernant le service de la gendarmerie.

Il a paru possible d'y apporter certaines simplifications en ne reproduisant, parmi les prescriptions relatives à la gendarmerie, que celles qu'il importe de faire connaître aux militaires de tous grades et de toutes armes. L'instruction ministérielle du 18 avril 1890 sur le service prévôtal de la gendarmerie aux armées contient toutes les prescriptions complémentaires qui n'intéressent que les états-majors ou la gendarmerie.

TITRE XIV.

Du combat.

Le titre XIV n'a pas pour objet de réglementer le combat. Évitant avec soin d'édicter des dispositifs pour des opérations qui sont essentiellement variables et doivent se plier aux circonstances telles qu'elles se présentent, on s'est proposé uniquement de grouper et de mettre en relief certains principes généraux propres à établir dans l'armée l'unité de doctrine en ce qui concerne les conditions indispensables du succès, l'esprit d'offensive, la liaison des armes, la concordance des efforts, l'énergie dans l'exécution, etc.

Cette doctrine commune servira de base aux Règlements spéciaux des différentes armes; elle leur fournira les principes d'où ils déduiront les procédés d'exécution et la manière dont les diverses unités devront intervenir dans le combat.

Elle permettra, en outre, au chef de compter sur une exécution prompte, énergique et conforme à ses vues, de la part de ses subordonnés, tout en laissant à ceux-ci l'initiative qui doit leur appartenir. Quant à l'initiative propre du chef lui-même, elle est respectée d'une manière absolue; car c'est à lui seul qu'il appartient de discerner et d'ordonner les mesures à prendre en raison des circonstances.

Pour réussir contre l'ennemi, il doit être prêt, dans les conjonctures imprévues et pressantes qui, en campagne, précèdent toujours le combat, à prendre les décisions les plus graves et à les traduire par **des ordres nets et précis**, en évitant toute perte de temps et en conservant le calme nécessaire pour inspirer la confiance.

Il est indispensable qu'il soit préparé au grand rôle qui lui est confié et dont peuvent dépendre les plus sérieux intérêts de l'armée et du pays; mais cette préparation il ne peut l'obtenir que de lui-même, par la réflexion, la méditation, par l'étude des guerres passées et en s'aidant de sa propre expérience de la guerre, si c'est possible, et, dans tous les cas, de celles des grandes manœuvres.

Aucun règlement ne saurait remplacer cette préparation toute personnelle, ni lui tracer sa ligne de conduite en vue du combat.

Telles sont, Monsieur le Président de la République, les principales modifications consacrées par le nouveau Règlement.

Si vous voulez bien les approuver, j'ai l'honneur de vous prier de revêtir de votre signature le projet de décret ci-joint, portant règlement sur le service des armées en campagne.

Veuillez agréer, Monsieur le Président de la République, l'hommage de mon respectueux dévouement.

Général ZURLINDEN.

DÉCRET

DU 28 MAI 1895

PORTANT RÈGLEMENT

SUR

LE SERVICE DES ARMÉES EN CAMPAGNE.

LE PRÉSIDENT DE LA RÉPUBLIQUE FRANÇAISE,

Vu le Règlement du 26 octobre 1883 sur le service des armées en campagne ;

Vu le Règlement provisoire du 11 mai 1894 sur le service des armées en campagne (titres : *Exploration* et *Sûreté*) ;

Considérant qu'il y a lieu d'apporter au Règlement du 26 octobre 1883 les modifications dont l'expérience des dernières années a fait ressortir la nécessité ;

Sur le rapport du Ministre de la guerre,

DÉCRÈTE :

TITRE IER.

ORGANISATION GÉNÉRALE DE L'ARMÉE.

CHAPITRE Ier

Formation des armées.

ART. Ier. Le corps d'armée est la base de toute formation d'armée.

La réunion de plusieurs corps d'armée sous un seul chef forme une armée.

Lorsque plusieurs armées opèrent sur un même théâtre de guerre, elles sont réunies sous un commandement unique et forment un groupe d'armées.

Le Ministre de la guerre arrête l'ordre de bataille, c'est-à-dire la formation des troupes en corps d'armée, armées et groupes d'armées.

En principe, le corps d'armée comprend deux ou trois divisions d'infanterie, une brigade de cavalerie, une artillerie de corps, une compagnie du génie avec un équipage de ponts, des ambulances, des sections de munitions et de parc et des convois.

En principe une division d'infanterie comprend deux ou trois brigades d'infanterie, une

cavalerie divisionnaire, une artillerie divisionnaire, une compagnie du génie, une ambulance, des sections de munitions et des convois.

Les régiments de cavalerie qui ne font pas
partie des corps d'armée sont réunis en brigades
ou divisions de cavalerie. Ces divisions ou brigades peuvent être groupées en corps de cavalerie.

L'ordre de bataille règle l'affectation des brigades, divisions ou corps de cavalerie aux corps
d'armée, armées ou groupes d'armées.

A chaque armée est attachée une direction
des étapes.

A chaque groupe d'armées est attachée une
direction générale des chemins de fer et des
étapes.

CHAPITRE II.

Du commandement.

Du commandement en chef et du commandement des armées.

Art. 2. Le commandant de toutes les troupes
réunies sur un même théâtre d'opérations est
un maréchal de France, ou un général de division qui a le titre de *commandant en chef*. Il
reçoit du Président de la République une commission temporaire.

Le commandant de chaque armée est un

maréchal de France ou un général de division qui a le titre de *commandant d'armée*. Il reçoit du Président de la République une commission temporaire.

Le commandant d'une armée qui opère isolément prend le titre de commandant en chef.

Dans chaque armée, l'artillerie est commandée par un général de division, le génie est commandé par un officier général.

Tout commandant en chef peut, au cours de la campagne, modifier l'ordre de bataille. Dans les mêmes circonstances, il peut effectuer, parmi les généraux sous ses ordres, les mutations que les pertes ou le bien du service rendent nécessaires.

De l'administration aux armées.

ART. 3. En campagne, l'administration est centralisée par armée.

Chaque commandant d'armée reçoit la délégation d'une partie des pouvoirs administratifs du Ministre de la guerre. Il dirige dans son ensemble l'administration de son armée. Il a sous ses ordres des chefs supérieurs de service qui exercent, en son nom, la haute surveillance des services dans les corps d'armée et à la direction des étapes.

Le général commandant un corps d'armée est responsable, envers le commandant de l'armée, de l'administration de son corps d'armée. Il en est de même des généraux commandant les divisions et les brigades à l'égard de leur chef immédiat.

Dans chaque corps d'armée et à la direction des étapes, les services sont dirigés, sous l'autorité du commandant du corps d'armée ou du directeur des étapes, par des chefs de service qui sont placés, en outre, sous la surveillance technique et administrative des chefs de service de l'armée.

Les officiers généraux ont le devoir de prévoir les besoins des troupes et de prescrire ou de provoquer les mesures nécessaires pour y satisfaire. Ils donnent l'ordre de pourvoir et de distribuer, et veillent à ce que chacun reçoive les allocations qui lui sont dues.

Droits au commandement.

ART. 4. Tout titulaire d'un commandement, s'il vient à manquer pour une cause quelconque, est provisoirement remplacé par l'officier le plus ancien dans le plus élevé des grades que comprend ce commandement.

En ce qui concerne les officiers de réserve et de l'armée territoriale, les officiers retraités ou démissionnaires, les officiers étrangers ou indigènes, les droits au commandement sont réglés conformément aux dispositions prévues par le règlement du 20 octobre 1892 sur le service intérieur et par l'ordonnance du 18 février 1844. (Voir l'annexe.)

La désignation du commandant d'un détachement composé de fractions de différentes armes doit être faite par l'autorité qui a ordonne la formation du détachement. Dans tous les cas, le commandant désigné doit être d'un grade au moins égal à celui des militaires du grade le plus élevé qui font partie du détachement.

Tout officier chargé d'une mission spéciale exerce, à grade égal, le commandement sur tous les autres officiers employés dans la même mission.

CHAPITRE III.

Des états-majors et quartiers généraux.

Des états-majors et de leurs chefs.

ART. 5. Un état-major est placé auprès du commandant en chef, auprès de chaque commandant d'armée, de corps d'armée, de division, auprès des commandants de l'artillerie et du génie d'une armée ou d'un corps d'armée, auprès du directeur général des chemins de fer et des étapes d'un groupe d'armées, auprès du directeur des étapes d'une armée. La composition de ces états-majors est fixée suivant l'importance de ces commandements.

Dans chaque état-major l'ensemble du service est dirigé par un chef d'état-major.

L'état-major d'un groupe d'armées est désigné sous le nom de *grand état-major général*. Le chef de cet état-major est un officier général qui a le titre de *major général*; il a sous ses ordres des officiers généraux qui portent le titre *d'aides-majors généraux.*

L'état-major d'une armée est désigné sous le nom d'*état-major général* et son chef porte le titre de *chef d'état-major général.*

Fonctions des chefs d'état-major.

ART. 6. Les fonctions générales d'un chef d'état-major consistent :

1° A transmettre les ordres du général et à exécuter ou faire exécuter ceux qu'il en reçoit pour toutes les parties du service ;

2° A donner aux chefs des différents services les instructions qui leur sont nécessaires ;

3° A entretenir des relations suivies avec les chefs de service et avec les corps, afin de connaître leur situation dans tous ses détails et d'en tenir le général exactement informé ;

4° A tenir le journal des marches et des opérations, à fournir au commandement supérieur et, s'il y a lieu, au Ministre de la guerre, les tableaux de la force et de l'emplacement des corps de troupe, les rapports sur les marches et opérations, en un mot, tous les renseignements utiles.

Des quartiers généraux.

ART. 7. La réunion de l'état-major et des personnels divers qui sont attachés à un même commandement forme le **quartier général.**

Un officier désigné comme commandant du quartier général assure, d'après les instructions du chef d'état-major, l'installation, le service et la garde du quartier général.

CHAPITRE IV.

Des services.

Répartition des services aux armées.

ART. 8. Les différents services d'une armée comprennent en général deux échelons, l'un à la disposition immédiate des corps d'armée, l'autre subordonné à la direction des étapes. Ces deux échelons constituent les services de l'avant et de l'arrière.

Services de l'artillerie et du génie.

ART. 9. Le service de l'artillerie est dirigé, sous l'autorité du commandement: dans une armée, par le général commandant l'artillerie de l'armée; dans un corps d'armée par le général commandant l'artillerie du corps d'armée.

L'artillerie aux armées est chargée:

1° Du service général des bouches à feu, de l'établissement et de la construction de toutes les batteries et, concurremment avec le génie, des reconnaissances qui se rattachent à l'attaque et à la défense des places;

2° De l'approvisionnement de l'armée en

armes et en munitions de guerre et des réparations du matériel de l'artillerie et des équipages militaires.

Le service du génie est dirigé, **sous** l'autorité du commandement : dans une **armée, par** le général commandant le génie de l'armée ; dans un corps d'armée, par l'officier général ou le colonel commandant le génie du corps d'armée.

Le génie aux armées est chargé :

1° Des travaux de fortification passagère dont le commandement lui confie l'exécution, et des reconnaissances qui s'y rattachent ;

Des travaux de fortification permanente, ainsi que de ceux qui sont nécessaires pour l'attaque ou la défense des places fortes ;

2° De tous les travaux concernant l'établissement, l'entretien ou la destruction des voies de communication de toute nature, permanentes ou improvisées ;

3° De l'exploitation provisoire des chemins de fer et des voies navigables dans la zone de l'arrière, sous l'autorité du directeur général des chemins de fer et des étapes ;

4° Du service de la télégraphie militaire, de l'aérostation et des colombiers militaires ;

5° Des travaux concernant l'installation des troupes et présentant un intérêt général ;

6° De l'approvisionnement de l'armée en outils et en matériel du génie.

3

Services de l'Intendance.

ART. 10. En campagne les services de l'intendance sont dirigés, sous l'autorité du commandement : dans une armée par un intendant général ; dans un corps d'armée par un intendant
militaire ; à la direction générale des étapes et
des chemins de fer et dans une direction d'étapes par un intendant ou sous-intendant militaire ; dans une division et dans chaque quartier
général d'armée ou de corps d'armée par un
sous-intendant militaire.

Les intendants ou sous-intendants militaires
ont autorité, en ce qui concerne l'exécution du
service de l'intendance, sur tout le personnel
attaché d'une manière permanente ou temporaire à leur service.

L'intendance aux armées est chargée :

1° De l'organisation, de la direction et de
l'exécution des services des subsistances, de
l'habillement et du campement et du harnachement de la cavalerie ainsi que de l'ordonnancement des dépenses de ces services ;

2° De l'ordonnancement de la solde ;

3° De la vérification et de l'arrêté de compte
des distributions et consommations, en ce qui
concerne les fonds et matières qui ressortissent
aux services de l'intendance ;

4° De la surveillance administrative des corps
de troupe et de l'administration des personnels
sans troupe ;

5° Du contrôle de service de la trésorerie et des postes dans les limites prévues par les règlements.

L'intendant général d'une armée reçoit du Ministre de la guerre la délégation de l'ensemble des crédits destinés à assurer tous les services de l'armée; il les sous-délègue, sur l'ordre du général commandant l'armée, au fur et à mesure des besoins, aux directeurs des services qui ont qualité pour ordonnancer les dépenses.

Les crédits destinés à assurer les services du quartier général d'un groupe d'armées et le service des chemins de fer sont délégués, par le Ministre de la guerre, au fonctionnaire de l'intendance chef du service de l'intendance de la direction générale des étapes et des chemins de fer.

Service de santé.

Art. 11. En campagne le service de santé est dirigé, sous l'autorité du commandement, dans une armée, par un médecin inspecteur directeur du service de santé de l'armée; dans un corps d'armée, par un médecin principal directeur du service de santé du corps d'armée; dans une division, par un médecin principal ou major, médecin divisionnaire chef du service de santé de la division; à la direction des étapes d'une armée, par un médecin principal chef du service de santé des étapes.

Dans chaque formation sanitaire, les médecins-chefs, ont autorité, en ce qui concerne l'exécution du service de santé, sur tout le personnel militaire et civil attaché d'une manière permanente ou temporaire à leur service.

Le service de santé de l'avant se compose :

1° Du service régimentaire, destiné à donner des soins aux malades et blessés des corps de troupe en station, en marche et pendant le combat ; il est assuré par les médecins des corps assistés des infirmiers et brancardiers régimentaires ;

2° Des ambulances, destinées à compléter l'action du service régimentaire en marche et en station, à recevoir les blessés relevés sur le champ de bataille, et à leur donner les soins nécessaires pour qu'ils puissent être évacués promptement ;

3° Des hôpitaux de campagne destinés à relever les ambulances, à continuer les évacuations, à traiter sur place, jusqu'à leur relèvement, les malades et blessés non évacués, à renforcer éventuellement l'action des ambulances sur le champ de bataille.

Le service de l'arrière comprend deux groupes destinés le premier à l'hospitalisation sur place, le deuxième à l'évacuation.

Le premier groupe comprend :

Les hôpitaux de campagne temporairement immobilisés dans la zone de l'arrière pour traiter sur place les malades et blessés qui ne peuvent être transportés, les hôpitaux et hospices permanents qui se trouvent près des lignes de concentration ou sur les territoires occupés et les hôpitaux auxiliaires créés par les sociétés d'assistance aux blessés ou les particuliers.

Le deuxième groupe comprend:

1° Les hôpitaux d'évacuation où sont reçus et soignés jusqu'à leur mise en route les hommes désignés pour être évacués;

2° Les infirmeries de gare et de gîtes d'étapes;

3° Les transports d'évacuation.

Au cours des opérations, des dépôts de convalescents sont ouverts le long des lignes de marche et d'évacution pour recevoir les convalescents qu'il n'est pas nécessaire de rapatrier; des dépôts d'éclopés sont établis pour les hommes momentanément indisponibles qui n'ont besoin que d'un repos de courte durée.

Aumônerie militaire.

ART. 12. Dans les armées en campagne, les aumôniers des différents cultes prennent place avec le personnel des ambulances des fractions de l'armée auxquelles ils sont attachés.

Trésorerie et postes.

ART. 13. Le service de la trésorerie et des postes a un double objet:

1° Opérer toutes les recettes provenant du Trésor public ou faites pour le compte de l'État et acquitter toutes les dépenses régulièrement ordonnancées au titre des corps de troupe ou services ;

2° Exécuter le service des postes (transport les fonds et de la correspondance) entre la zone de l'arrière et les troupes en opérations.

Ces deux services continuent à relever du Ministre des finances en ce qui concerne le personnel, l'alimentation des caisses, la comptabilité et la partie technique du service.

Sous le rapport de la discipline, de la direction du service, des ordres de route, de station, d'emplacement des caisses et des bureaux, de l'expédition et de la sûreté des courriers, ils sont placés sous les ordres du commandement.

Il est placé à chaque quartier général d'armées un payeur général, chef du service de la Trésorerie et des postes.

Un payeur principal est attaché à chaque corps d'armée ainsi qu'à chaque direction d'étapes ; un payeur particulier, à chaque division d'infanterie ou de cavalerie.

Le personnel comprend, en outre, des agents et sous-agents dont le nombre est déterminé par les Ministres de la guerre et des finances.

Il est pourvu par les Ministres de la guerre et des finances à l'organisation des bureaux et des caisses nécessaires au service.

En principe, les payeurs et les caisses suivent le mouvement des quartiers généraux, commandements ou services auxquels ils sont attachés, à moins d'ordre contraire du général commandant.

Télégraphie militaire.

ART. 14. La télégraphie militaire aux armées a pour mission d'établir, de réparer et de desservir les communications télégraphiques nécessaires aux grandes unités.

Le service fonctionne dans chaque unité sous la haute autorité du chef d'état-major général et sous la direction du commandant du génie de l'unité.

Il est, en principe, organisé par armée et comprend le service de l'armée proprement dit, et les services particuliers des corps d'armée.

Dans une armée et dans un corps d'armée opérant isolément, on distingue :

Le service de 1re ligne, qui est assuré par les compagnies de télégraphistes et qui s'étend, en principe, sur la zone de l'avant, ou, dans tous les cas, sur toute la zone où l'action de l'ennemi peut se faire sentir inopinément;

Le service de 2e ligne, qui est assuré par les sections techniques, et qui s'étend, en principe, sur la zone des étapes, et, éventuellement, sur la portion de la zone de l'avant la plus éloignée de l'ennemi. Il a pour mission essentielle de rattacher le réseau de première ligne au réseau de l'intérieur.

La limite entre les deux services est fixée par le commandant de l'armée, ou du corps d'armée opérant isolément.

Le service particulier des corps d'armée a pour objet de relier éventuellement les quartiers généraux à certains de leurs éléments subordonnés. Il est assuré par le génie d'après les mêmes principes que dans l'armée; il n'utilise le réseau existant que d'après les instructions du commandant de l'armée.

Dans chaque division de cavalerie, un détachement de sapeurs-télégraphistes, marchant en principe avec le quartier général de la division, est chargé d'assurer la communication avec l'armée.

Dans le service de 2ᵉ ligne, le personnel télégraphique des sections techniques est subordonné, pour la discipline, aux commandants militaires des localités ou des colonnes dans lesquelles il se trouve.

Services de l'arrière.

ART. 15. Les services de l'arrière, dans les armées en campagne, ont pour objet d'assurer la continuité des relations et des échanges entre ces armées et le territoire national.

L'action de ces services s'étend sur tout le territoire qui est placé sous les ordres du commandant en chef en arrière des armées d'opérations, et qui prend le nom de *zone de l'arrière*.

Les limites de ce territoire sont fixées par le Ministre au début de la guerre ; elles peuvent être modifiées selon le cours des événements, de concert avec le commandant en chef.

Les services de l'arrière forment deux grandes divisions : le service des chemins de fer et le service des étapes.

Ils sont reliés et coordonnés, dans un groupe d'armées, par la direction générale des chemins de fer et des étapes.

Le directeur général des chemins de fer et des étapes relève directement du major général.

Le service des chemins de fer aux armées comprend tout ce qui est relatif à l'organisation, l'entretien, l'exploitation, la construction et la destruction des voies ferrées.

Il est dirigé par un officier général ou supérieur qui a le titre de *directeur des chemins de fer aux armées.*

Le directeur des chemins de fer aux armées exerce ses attributions sur toutes les lignes ou portions de lignes, mises à la disposition du commandant en chef.

Il est assisté d'un ingénieur des chemins de fer et d'un personnel militaire technique.

Il a sous ses ordres pour l'exécution du service :

1° Une ou plusieurs *commissions de réseau,* disposant elles-mêmes de *sous-commissions de réseau,* s'il y a lieu, et de *commissions de gare,* pour les lignes dont l'exploitation peut être confiée aux compagnies nationales;

2° Une ou plusieurs *commissions de chemins de fer de campagne* disposant elles-mêmes de *commandements de gare* pour les autres lignes, dont l'exploitation est confiée aux troupes de chemins de fer de campagne (troupes de sapeurs de chemins de fer et sections de chemins de fer de campagne).

Les stations qui séparent les sections exploitées par le personnel des compagnies des sections exploitées par les troupes de chemins de fer sont appelées *stations de transition*.

Les stations où aboutissent les transports à destination des armées sont dites *stations têtes d'étapes de guerre*.

Le service des étapes a pour objet général d'assurer les communications et transports par terre et par eau, et d'exploiter les ressources de la zone en arrière des armées.

En outre, ce service comprend, en territoire ennemi, la direction provisoire de l'administration civile des pays occupés.

Le service des étapes est organisé par armée. Dans chaque armée il est dirigé par un sous-chef d'état-major général qui prend le titre de *directeur des étapes*.

Le directeur des étapes est secondé par un état-major et par des chefs de service des étapes. Il a en outre à sa disposition le personnel nécessaire à l'organisation des commandements d'étapes, des troupes d'étapes, et des personnels d'administration civile et de police.

Dans une armée opérant isolément, le directeur des étapes joint à ses attributions la haute direction des chemins de fer dans la zone qui relève du commandant de l'armée, et prend le nom de *directeur des chemins de fer et des étapes*.

TITRE II.

DES ORDRES.

Dispositions générales.

ART. 16. Les décisions du commandement sont notifiées aux intéressés sous le titre et dans la forme d'*ordres*.

Les ordres peuvent prendre le nom d'*instructions* lorsque l'autorité qui ordonne se borne à fixer le but à atteindre sans prescrire d'une manière formelle les moyens d'exécution à employer.

Les généraux, les chefs de corps et de service ont l'obligation de faire enregistrer tous les ordres qu'ils donnent.

Classification des ordres.

ART. 17. Les ordres sont *généraux* ou *particuliers* suivant qu'ils s'adressent à la totalité ou seulement à une fraction des troupes placées sous le commandement de l'autorité dont ils émanent.

Les ordres généraux ou particuliers, relatifs aux *opérations* (ordres de mouvement, de stationnement, de combat, d'avant-postes, etc.) forment une série spéciale et sont inscrits sur un registre portant le nom de *registre des ordres d'opérations*.

Les autres ordres, généraux ou particuliers, sont enregistrés en deux autres séries correspondant à ces deux dénominations.

Transmission des ordres.

ART. 18. La transmission des ordres doit être faite en suivant la voie hiérarchique, sans omettre aucun intermédiaire, excepté en cas d'urgence. Dans ce dernier cas, l'officier qui ordonne est tenu d'informer l'autorité intermédiaire, et celui qui reçoit l'ordre en rend compte, sans retard, à son chef immédiat.

La transmission des ordres a lieu, chaque jour, autant que les circonstances le permettent, de la façon suivante :

Chaque commandement ou service envoie au quartier général de l'autorité dont il relève directement un officier qui reçoit les ordres du chef d'état-major dans une réunion qui prend le nom de *rapport journalier*.

Lorsque la transmission des ordres ne peut être assurée, en temps utile, par la voie du rapport journalier, les ordres sont portés aux destinataires, soit par des officiers désignés à cet effet, soit par un personnel spécial de sous-officiers, estafettes, plantons et vélocipédistes.

Les ordres *verbaux* sont toujours portés par des officiers. L'autorité qui donne un ordre verbal le fait répéter par l'officier chargé de le transmettre.

Les ordres *écrits importants* sont portés par des officiers pouvant être initiés au contenu des dépêches; dans certains cas, ils sont établis en plusieurs expéditions et confiés à des officiers suivant des chemins différents.

Tout officier chargé de porter un ordre dans un pays occupé par des postes ennemis doit être accompagné par un ou deux cavaliers bien montés. Il doit toujours être prêt à faire disparaître ses dépêches. S'il est blessé ou malade, il s'adresse au commandant des troupes les plus proches et lui transmet l'ordre dont il est porteur; celui-ci en donne reçu et désigne immédiatement un autre officier pour porter l'ordre à destination.

Le commandant de la troupe de cavalerie la plus proche est tenu de fournir un bon cheval à tout officier porteur d'un ordre, si l'état de la monture de cet officier ne lui permet pas d'accomplir sa mission en temps utile. A défaut de cavalerie, cette obligation s'étend à tout commandant de troupes pourvues de chevaux.

Tout porteur d'un ordre écrit doit recevoir du destinataire un accusé de réception de l'ordre transmis.

TITRE III.

EXPLORATION.

ART. 19. L'exploration a pour objet de fournir au commandant en chef les renseignements généraux dont il a besoin pour diriger les troupes et assurer le succès de ses opérations.

Aux armées, ce service incombe aux divisions de cavalerie qui possèdent, en principe, de l'artillerie à cheval, et auxquelles des détachements d'infanterie peuvent éventuellement être adjoints.

Ces divisions peuvent être groupées en corps de cavalerie.

Le rôle essentiel de la cavalerie d'exploration est de prendre le contact de l'ennemi et de le conserver constamment, de combattre et de refouler la cavalerie adverse, pour se rapprocher des masses de l'infanterie ennemie et en découvrir les emplacements et les mouvements.

Le général commandant la cavalerie d'exploration reçoit du commandant en chef dont il dépend des instructions précises sur la mission qu'il a à remplir.

Tout en se conformant aux instructions qu'il a reçues, il conserve sa liberté d'action et adopte, pour accomplir sa mission, les procédés qu'il juge les meilleurs.

Devant toujours être en mesure de combattre, il conserve le gros de ses forces aussi groupé que possible et confie le soin de rechercher l'ennemi à des éléments qu'il envoie sur certains points et dans des directions déterminées. Ces éléments constituent la *découverte*.

La découverte est assurée par des reconnaissances d'officiers et des détachements d'effectif variable, dont la composition et la force dépendent du but à atteindre et des circonstances.

Le rôle essentiel des reconnaissances d'officiers et des détachements est de voir. Les détachements d'une certaine force peuvent avoir à combattre, mais la mobilité est, pour eux comme pour les reconnaissances, la condition principale du succès de leur mission.

Il importe en outre de choisir avec le plus grand soin le chef de toute fraction employée à la découverte.

Les instructions données au chef d'une fraction quelconque employée à la découverte doivent préciser l'objectif à atteindre ainsi que la nature des renseignements à recueillir, et contenir des indications qui lui permettent de faire parvenir les renseignements.

Tout chef de reconnaissance ou de détachement qui a pris le contact est tenu de le conserver. Il ne l'abandonne que s'il en reçoit l'ordre.

Tous les moyens de communication sont employés par les reconnaissances ou détachements pour transmettre les renseignements : estafettes (à cheval, en voiture ou en vélocipède), télégraphe, postes de correspondance, etc.

Le commandant de la cavalerie d'exploration se tient par tous les moyens en communication avec le commandement en chef.

TITRE IV.

SÛRETÉ.

CHAPITRE I*.

Considérations générales.

ART. 20. L'objet général du service de sûreté est :

1° De renseigner le commandement sur la présence et les mouvements de l'ennemi dans une zone déterminée;

2° De protéger les troupes contre les surprises, et de donner au commandement le temps nécessaire pour prendre ses dispositions.

La cavalerie, en raison de sa mobilité, est plus spécialement chargée de fournir les renseignements nécessaires à la sûreté ; en outre, elle contribue à protéger les troupes en s'opposant aux incursions de la cavalerie adverse.

Dans une armée, la majeure partie de la cavalerie des corps d'armée établit un service de sûreté de première ligne, en arrière duquel se meuvent ou stationnent les grands éléments de l'armée.

La sûreté éloignée repose sur ce service de première ligne.

Le reste de la cavalerie des corps d'armée constitue la cavalerie divisionnaire, à raison d'un escadron par division. Cette cavalerie divisionnaire concourt à la protection immédiate des troupes.

La protection immédiate des troupes en marche ou en station est assurée par des détachements de toutes armes. Ces détachements sont désignés :

En marche, sous le nom d'*avant-garde*, *flanc-garde* et *arrière-garde*;

En station, sous le nom d'*avant-postes*.

En raison de sa force de résistance, l'infanterie constitue la majeure partie de ces détachements.

CHAPITRE II.

Service de sûreté de première ligne,

ART. 21. La cavalerie chargée de la sûreté de première ligne a pour missions spéciales :

1° De renseigner chaque jour le commandement sur la présence et les mouvements des forces ennemies qui pourraient inquiéter la marche ou le stationnement des troupes;

2° De s'opposer aux incursions de la cavalerie ennemie;

3° De fournir tous les renseignements nécessaires sur les voies de communication et les ressources du pays, en vue de la préparation de la marche et de l'installation au cantonnement.

Le commandant d'une armée dispose, pour assurer la sûreté de première ligne, de toute la cavalerie affectée par organisation aux unités de son armée, à l'exception des escadrons divisionnaires.

Suivant les circonstances, il peut laisser cette cavalerie à la disposition des commandants de corps d'armée, ou la répartir en un ou plusieurs groupes opérant sous ses ordres directs.

Des détachements d'infanterie et des batteries d'artillerie peuvent être adjoints à la cavalerie chargée de la sûreté de première ligne.

La cavalerie chargée de la sûreté de première ligne a l'obligation de rester en liaison constante avec les troupes qu'elle couvre.

Elle marche aussi concentrée que possible dans la direction principale indiquée par le commandement. Elle surveille, au moyen de reconnaissance d'officiers et de détachements, toutes les voies d'accès utilisables par l'ennemi dans la zone où elle a reçu l'ordre d'opérer.

La profondeur de cette zone est en général d'une journée de marche en avant des troupes.

CHAPITRE III.

Protection immédiate des colonnes.

Règles générales.

Art. 22. Une colonne en marche est toujours

protégée à courte distance par des détachements prélevés sur les troupes qui la composent.

Ces détachements prennent le nom d'*avant-
garde*, de *flanc-garde* ou d'*arrière-garde* suivant
qu'ils sont placés sur le front, sur les flancs du
en arrière de la colonne.

Leur mission générale est de garantir le corps
principal contre toute surprise et d'assurer constamment au commandant de la colonne la
libre disposition du gros de ses forces.

Avant-garde.

ART. 23. La force d'une avant-garde est pro-
portionnée à celle de la colonne qu'elle couvre.

Elle doit être suffisante pour lui permettre
de s'emparer des positions avantageuses, de
s'engager vigoureusement pour obliger l'ennemi à montrer ses forces, ou tout au moins de
le contenir assez longtemps pour donner au
corps principal le temps de prendre ses dispositions à l'abri du feu.

L'avant-garde doit en outre réparer et dégager la voie que doit suivre le gros de la colonne.

Une avant-garde comprend généralement des
fractions constituées de toutes armes, savoir :

La majeure partie de la cavalerie divisionnaire ;

De l'infanterie, dans la proportion du sixième
au tiers de l'effectif de l'infanterie de la colonne ;

De l'artillerie, dans une proportion variable
suivant les circonstances et le terrain ;

Un détachement du génie, dont la composition est subordonnée à la nature et à l'importance des travaux à prévoir.

Tous ces éléments sont sous les ordres d'un même chef, qui est le commandant de l'avant-garde.

L'avant-garde se fractionne en échelons successifs.

Ces échelons prennent le nom de *pointe*, de *tête* et de *gros* de l'avant-garde.

La pointe est formée par le détachement de cavalerie de l'avant-garde.

La tête comprend une fraction constituée d'infanterie et le détachement du génie.

Le gros comprend la majeure partie de l'infanterie et l'artillerie.

Les distances entre ces échelons sont subordonnées à la nature du pays, à la composition et à la force de l'avant-garde.

La distance qui sépare l'avant-garde du gros des troupes est déterminée par la nécessité de donner au commandant de la colonne le temps et l'espace nécessaires pour prendre ses dispositions.

Flanc-gardes.

ART. 24. Les flanc-gardes sont destinées à protéger les flancs ou le flanc découvert d'une colonne en marche contre des partis ennemis qui essayeraient de la tourner et d'y jeter le désordre.

Elles sont composées de fractions constituées

dont la force est en rapport avec l'importance de la colonne et celle des attaques à prévoir.

Elles occupent, pendant le passage de la colonne, les points importants d'où l'ennemi pourrait inquiéter la marche.

Les flanc-gardes sont fournies par les premières troupes du gros de la colonne. S'il s'agit d'une colonne considérable il peut être avantageux, pour éviter d'imposer aux flanc-gardes un service trop prolongé, de les faire relever par des détachements fournis, en temps utile, par d'autres éléments de la colonne.

En général, une flanc-garde comprend de l'infanterie chargée de résister sur l'emplacement choisi et quelques cavaliers dont le rôle est de signaler l'approche de l'ennemi.

Lorsqu'on redoute une attaque sérieuse sur le flanc de la colonne, la protection de ce flanc est confiée à des détachements plus importants que les flanc-gardes proprement dites. Ces détachements peuvent comprendre des unités constituées de toutes armes. Il appartient au commandement de régler leur mode d'action dans chaque cas particulier.

Arrière-garde.

ART. 25. Dans la marche en avant, l'arrière-garde a pour mission d'observer tout ce qui se passe en arrière de la colonne, de la prévenir si elle est menacée et d'offrir une première résistance en cas d'attaque inopinée.

Elle est fournie par le corps qui est le der-

nier dans la colonne. Sa force est habituellement d'un bataillon pour une colonne de corps
d'armée, de deux compagnies pour une colonne
de division, d'une compagnie pour une colonne
de brigade.

Autant que possible, il lui est adjoint un détachement de cavalerie.

Dans les marches rétrogrades, l'arrière-garde
a pour mission essentielle de couvrir la retraite
du corps principal.

D'une manière générale elle est composée
comme une avant-garde dans la marche en
avant. Toutefois, comme elle ne doit pas compter sur l'appui du corps principal, il peut être
nécessaire de la constituer plus fortement, surtout en artillerie et en cavalerie.

La cavalerie marche en arrière en tenant
constamment le contact de l'ennemi et veille à
la sûreté des flancs.

Colonne de toutes armes opérant isolément.

ART. 26. La protection d'une colonne isolée
exige le fonctionnement simultané de tous les
organes du service de sûreté.

En toutes circonstances, la cavalerie attachée
à la colonne concourt à la protection immédiate des troupes. Si son effectif le permet, elle
assure en outre le service de sûreté de première
ligne dans la limite du possible.

**Le fractionnement de la cavalerie en deux
groupes affectés respectivement à chacune de**

ces deux missions est fait par les soins du commandant de la colonne.

Colonne de cavalerie opérant isolément.

ART. 27. Une colonne de cavalerie en marche
se couvre par une avant-garde, une arrière-
garde et des flanqueurs.

La force de l'avant-garde et de l'arrière-garde
est uniquement subordonnée à la situation et à
la nature du terrain.

L'avant-garde se fractionne en pointe, tête et
gros.

Les flanqueurs sont des détachements de
faible importance ou des cavaliers isolés qui
sont envoyés sur les points d'où l'ennemi pourrait déboucher inopinément, et rejoignent la
colonne en doublant l'allure après avoir accom-
pli leur mission.

CHAPITRE IV.

Avant-postes.

Règles générales.

ART. 28. Les avant-postes sont chargés d'assurer la protection immédiate des troupes en
station.

En principe, ils sont composés d'infanterie
et de cavalerie.

L'infanterie occupe les points du terrain où il importe de résister en cas d'attaque.

La cavalerie observe à une certaine distance en avant des points occupés par l'infanterie, principalement pendant le jour; elle assure la liaison des divers éléments des avant-postes ainsi que la transmission rapide des renseignements.

On ne place de l'artillerie aux avant-postes que lorsqu'il s'agit de garder des points importants, et surtout des défilés.

Les troupes de toutes armes qui composent les avant-postes sont placées sous le même commandement.

Le service des avant-postes imposant aux troupes de grandes fatigues en raison de sa permanence pendant la nuit, on ne doit y employer que l'effectif strictement nécessaire dans chaque cas particulier.

Les dispositions d'ensemble varient avec la force et l'emplacement des troupes à couvrir, les projets du commandement, l'éloignement de l'ennemi et la nature du terrain.

Dans bien des cas il suffira, pour la sûreté des troupes, d'occuper ou de surveiller, par des détachements ou des postes isolés, les routes et chemins conduisant à l'ennemi.

Dans d'autres cas, les troupes d'avant-postes formeront un réseau de surveillance plus serré et comprenant différents éléments échelonnés dans le sens de la profondeur, en vue du combat.

En toutes circonstances, le jugement sera le

meilleur guide dans le choix des moyens les plus propres à satisfaire à la mission des avant-postes.

Autant que possible, l'emplacement des avant-postes est choisi de manière que les cantonnements les plus avancés soient à l'abri d'une surprise par un tir efficace de l'artillerie ennemie.

Après une marche en avant, les avant-postes se composent pour chaque colonne, soit de l'avant-garde entière si la colonne est de faible effectif, soit d'une partie de l'avant-garde si la colonne est plus importante. Le commandant de l'avant-garde ou de cette partie de l'avant-garde devient le commandant des avant-postes.

Si l'étendue du front à garder l'exige, la ligne des avant-postes est divisée en secteurs ayant chacun un commandant particulier.

Dans la marche en retraite, les avant-postes sont généralement fournis par des troupes prises dans le gros de la colonne.

En station à proximité de l'ennemi, les grandes unités en première ligne pourvoient à leur propre sûreté et ont alors chacune leur commandant d'avant-postes.

Devoirs du commandement.

Art. 29. En toutes circonstances, le général de brigade de qui relèvent les troupes employées aux avant-postes est responsable de l'exécution du service.

Il donne à cet effet les ordres nécessaires, d'après les instructions du commandement supérieur, et, à défaut d'instructions, organise le service sous sa propre responsabilité.

Les ordres donnés font connaître : l'ensemble de la position des avant-postes, la répartition en secteurs (s'il y a lieu), les troupes affectées à ce service, le commandant des avant-postes ou les commandants des divers secteurs.

Ils contiennent en outre des indications sur l'emplacement de la troupe à couvrir, sur la situation des corps voisins et celle de l'ennemi, sur la conduite à tenir en cas d'attaque.

La liaison entre les avant-postes des diverses colonnes ou grandes unités stationnées en première ligne est assurée par le commandement supérieur.

Composition et fractionnement
d'un réseau complet d'avant-postes.

ART. 30. Le présent article et les suivants ont pour objet d'exposer le rôle de tous les éléments que comprend un réseau d'avant-postes quand il est aussi complet que possible en raison de la proximité de l'ennemi.

Mais il reste bien entendu que ce réseau peut et doit être modifié et simplifié dans chaque cas particulier suivant les circonstances.

Un réseau complet d'avant-postes comprend :

La réserve des avant-postes ;

Les grand'gardes ;

Les petits postes et postes spéciaux ;

Les sentinelles.

La *réserve d'avant-postes* constitue en avant de la troupe à couvrir la première force disponible pour soutenir les grand'gardes.

Les *grand'gardes* ont pour mission de résister aux attaques de l'ennemi dans le secteur qui leur est affecté.

Les grand'gardes détachent en avant d'elles les *petits postes* qui fournissent les *sentinelles* chargées d'observer du côté de l'ennemi.

La cavalerie des avant-postes assure la liaison de ces différents échelons, et concourt pendant le jour à la surveillance.

Les distances entre les échelons doivent être telles qu'ils se prêtent un mutuel appui. Elles varient suivant les circonstances et le terrain.

Le service des avant-postes est complété par les *rondes, patrouilles* et *reconnaissances*.

Les *rondes* ont pour objet de s'assurer que le service est exactement fait sur la ligne des sentinelles et des petits postes.

Les *patrouilles* sont des détachements de force variable que les petits postes, les grand'gardes ou la réserve envoient au delà de la ligne des sentinelles pour explorer le terrain et observer l'ennemi.

Les *reconnaissances* sont des détachements plus importants fournis par la réserve des avant-postes ou par le corps principal ; leur mission est d'aller chercher des renseignements que les simples patrouilles ne pourraient obtenir.

Réserve des avant-postes.

ART. 31. La réserve des avant-postes a, en général, un effectif au moins égal à la moitié de l'effectif total des troupes des avant-postes.

Elle est placée en arrière des grand'gardes en un point d'où il soit facile de la porter dans toutes les directions.

La réserve est sous les ordres directs du commandant des avant-postes et fournit les patrouilles et reconnaissances qu'il ordonne, ainsi que les postes spéciaux destinés à occuper certains points importants.

La réserve a une garde de police. Le reste de la troupe bivouaque ou cantonne en cantonnement d'alerte, si l'ordre en est donné. Les hommes se reposent, prêts à prendre les armes ; personne ne doit s'éloigner.

Les distributions de toute nature sont faites à la réserve pour tous les avant-postes ; les denrées destinées aux grand'gardes leur sont envoyées.

Les bagages des officiers de la réserve peuvent être mis à leur disposition ; mais les voitures sont chargées tous les soirs, les chevaux restent sellés ou harnachés pendant la nuit.

Toute batterie ou sonnerie est interdite, sauf en cas d'alerte.

Grand'gardes.

ART. 32. L'effectif habituel d'une grand'garde

est d'une compagnie à laquelle on adjoint quelques cavaliers.

Une partie de la grand'garde est employée à fournir les petits postes et sentinelles. La partie disponible de la grand'garde doit comprendre au moins la moitié de son effectif total et forme la grand'garde proprement dite.

Le quart de la grand'garde proprement dite reste de *piquet*, prêt à marcher au premier signal. Le piquet fournit une sentinelle devant les armes et les hommes nécessaires pour observer les signaux des petits postes.

Les grand'gardes sont établies au bivouac ou sous un abri, autant que possible dans le voisinage d'un chemin et hors des vues de l'ennemi. Les hommes conservent leur équipement de jour et de nuit.

Chaque commandant de grand'garde se met en relations avec les grand'gardes voisines. Il rend compte le plus tôt possible au commandant des avant-postes des dispositions qu'il a prises et l'informe d'une manière générale de tous les événements survenus dans son secteur.

Petits postes et sentinelles.

ART. 33. L'effectif maximum d'un petit poste est d'une section.

Il est fixé par le commandant de la grand'garde d'après l'importance de la partie du terrain que le petit poste doit surveiller.

Chaque petit poste détache en avant de lui des sentinelles doubles, et fournit une sentinelle simple devant le poste.

Les petits postes sont établis à proximité des chemins, de manière à pouvoir communiquer facilement avec leurs sentinelles ainsi qu'avec la grand'garde dont ils dépendent. Leur emplacement est, autant que possible, dérobé aux vues de l'ennemi.

Pendant le jour, les hommes non de service peuvent se reposer, mais ne quittent pas leur équipement et conservent l'arme à leur portée.

La nuit, tout le monde veille ; il est généralement interdit de fumer et d'allumer des feux. Les aliments des hommes sont préparés à la grand'garde.

Dans les parties du terrain couvertes ou très accidentées, les petits postes peuvent être multipliés, et leur effectif, variable suivant l'importance de leur position, peut être réduit jusqu'au minimum indispensable pour fournir une seule sentinelle double à proximité du poste.

Les sentinelles sont attentives de l'œil et de l'oreille, elles ne rendent pas d'honneurs et ne se laissent pas distraire de leur surveillance par l'apparition d'un supérieur.

Elles ne peuvent ni déposer leur sac, ni s'asseoir, ni se coucher. Elles ont toujours l'arme prête à faire feu, mais elles ne tirent que si elles aperçoivent distinctement l'ennemi. Elles font également feu sur quiconque cherche à passer malgré leur avertissement.

Pendant le jour, elles laissent passer les officiers et les troupes pour lesquels elles ont reçu des consignes particulières ou qui appartiennent à la fraction de service aux avant-postes.

Pendant la nuit, lorsqu'une sentinelle entend quelqu'un approcher, elle crie : *Halte-là !* et répète au besoin ce cri. Si on ne s'arrête pas après qu'elle a crié une seconde fois, elle fait feu. Si on s'arrête, elle crie : *Qui vive !* et lorsqu'il lui a été répondu : *France, ronde* ou *patrouille,* elle crie : *Avance au ralliement !* Si le chef de la troupe ne s'avance pas seul, s'il ne donne pas le mot de ralliement, ou ne fait pas le signal convenu, la sentinelle fait feu et se replie, si c'est nécessaire.

Le mot doit être donné à voix basse. En général il faut éviter tout bruit et tout mouvement inutile sur la ligne des sentinelles; à cet effet on peut substituer l'usage des signaux aux interpellations à la voix; les sentinelles font alors les premières un signal auquel il doit être répondu par un autre signal convenu.

Cavalerie des avant-postes.

ART. 34. La cavalerie des avant-postes est prélevée sur la cavalerie divisionnaire; elle concourt à la sûreté en prolongeant au moyen de ses patrouilles le service d'observation; elle fournit les éléments nécessaires à la liaison des diverses fractions des avant-postes en détachant quelques cavaliers à chaque grand'garde.

Enfin, pendant le jour, elle place quelques

vedettes pour soulager le service de l'infanterie ; on peut être appelé à établir des postes spéciaux à une certaine distance en avant de la ligne générale de surveillance.

Pendant la nuit, les cavaliers non employés se reposent à la réserve des avant-postes.

Rondes, patrouilles et reconnaissances.

ART. 35. Les *rondes* sont faites par un officier ou sous-officier accompagné de deux ou trois hommes armés.

Les rondes marchent à l'intérieur de la ligne des sentinelles pour n'être pas aperçues du dehors. Le jour, les sentinelles les reconnaissent sans avoir besoin de les interpeller. La nuit, un des hommes s'approche et se fait reconnaître.

Les *patrouilles* sont toujours composées d'au moins trois hommes commandés par un caporal, un sous-officier, au besoin par un officier. On choisit de préférence pour ce service des hommes intelligents, adroits et capables de s'orienter sur un terrain inconnu.

Le commandant de la grand'garde règle le nombre, l'heure, l'itinéraire des rondes et patrouilles d'après la force de sa troupe, la nature du terrain et les possibilités d'attaque.

Le chef d'un petit poste peut prescrire pendant le jour les patrouilles qu'il juge nécessaires.

Pour éviter les méprises de nuit, les petits

postes et les sentinelles sont avertis des heures et lieux de sortie ainsi que des heures et points probables de rentrée des patrouilles.

Les patrouilles marchent avec précaution et sans bruit, en faisant halte souvent pour écouter et s'orienter; elles observent avec soin le terrain qu'elles explorent.

En général, les petites patrouilles d'infanterie ne doivent pas, la nuit et en terrain coupé, s'avancer à plus d'un kilomètre de la ligne des sentinelles. Si les circonstances exigent qu'elles soient poussées plus loin, on augmente leur force.

Au point du jour, les patrouilles doivent être plus fréquentes et reconnaître le terrain plus au loin; elles ne rentrent qu'au grand jour.

Les patrouilles évitent d'engager le combat et plus encore de se laisser couper; pour cela elle prennent un autre chemin au retour. Si elles rencontrent un ennemi de force inférieure, elles se dissimulent et cherchent à l'attirer dans une embuscade. Si l'ennemi est en force, elles avertissent les petits postes en arrière et continuent à observer; s'il attaque, elles se replient en combattant.

Tout chef de patrouille communique à ses hommes le mot de ralliement et les signaux, pour qu'ils puissent rentrer isolément dans les lignes si la patrouille est obligée de se disperser.

A sa rentrée, il rend compte de ce qu'il a observé au chef qui l'a envoyé. Tout renseignement important est transmis au commandant des avant-postes.

5.

Quand les avant-postes doivent séjourner plusieurs jours sur un même terrain, l'heure de sortie et l'itinéraire des patrouilles sont changés chaque jour.

Les *reconnaissances* sont exécutées, sur l'ordre du commandant des avant-postes, par des détachements placés sous le commandement d'un officier.

Elles doivent employer peu de monde et se composent, suivant la nature du pays et la situation respective des forces opposées, d'infanterie ou de cavalerie, mais, autant que possible, de troupes des deux armes.

Leur fréquence, leur force et le moment de leur sortie dépendent principalement du terrain, de la distance et de la position de l'ennemi.

En général, on ne doit pas les prodiguer, et surtout il faut éviter de les recommencer aux mêmes heures et par la même route.

Le commandant d'une reconnaissance prend toutes les précautions qu'exige la sûreté d'un détachement marchant à petite distance de l'ennemi.

Si l'on rencontre l'ennemi, il faut l'observer et le suivre sans se laisser apercevoir autant que possible; le but étant de découvrir ses forces et ses projets, il ne faut le combattre que lorsqu'on y est forcé, et que, faute de pouvoir obtenir autrement des renseignements, on est dans la nécessité de faire des prisonniers.

Cependant, quand l'ennemi marche sur le cantonnement ou le bivouac, le commandant de la reconnaissance ne doit pas hésiter à le combattre s'il a l'espoir de retarder en marche.

Installation des avant-postes.

Art. 36. Lorsque les troupes en marche s'arrêtent, le service des avant-postes est organisé dès que les avant-gardes ont atteint les positions qui leur sont assignées pour la nuit.

Dans chaque secteur, le commandant des avant-postes donne, d'après la carte, les ordres nécessaires pour l'organisation et l'installation des avant-postes, conformément aux instructions qu'il a reçues.

Les indications contenues dans ces ordres sont les suivantes :

1° Mission de la cavalerie;

2° Emplacement approximatif et secteur de surveillance de chaque grand'garde;

3° Emplacement de la réserve des avant-postes;

4° Conduite à tenir en cas d'attaque;

5° Renseignements de toute nature intéressant le service des avant-postes : sur l'ennemi, les corps voisins, les chemins ou points à surveiller particulièrement, etc.

Chaque commandant de grand'garde conduit alors sa troupe sur l'emplacement indiqué, en s'éclairant par des patrouilles, et détermine, sur le terrain, la position exacte de la grand'garde, le nombre, la nature et l'emplacement des petits postes et celui des sentinelles.

Le déploiement des échelons les plus avancés du service de sûreté est protégé par la réserve d'avant-postes qui prend à cet effet position au point convenable.

Le commandant des avant-postes visite sans retard tous les échelons des avant-postes, prescrit les modifications qui lui paraissent nécessaires et s'établit de sa personne à la réserve.

Dans les marches en retraite, les avant-postes sont fournis, si cela est possible, par le corps principal, et s'installent avant l'arrivée de l'arrière-garde. Celle-ci traverse alors la ligne d'avant-postes et se retire sur le lieu de stationnement qui lui est assigné.

Dans le cas contraire, l'arrière-garde pourvoit elle-même au service de sûreté.

Conduite en cas d'attaque par l'ennemi.

ART. 37. Le rôle essentiel des avant-postes est de gagner du temps. Ils ne doivent pas chercher le combat; mais, en cas d'attaque, le chef de toute fraction engagée est tenu de ne reculer devant aucun sacrifice pour donner aux troupes en arrière le temps de prendre leurs dispositions.

Dès qu'une grand'garde est attaquée ou menacée de l'être, elle avertit les postes voisins et le commandant des avant-postes. Selon la force de l'ennemi, la nature du terrain ou les instructions reçues, elle marche au-devant de l'ennemi, résiste sur place ou se replie en combattant.

Le commandant des avant-postes fait prendre les armes, envoie des renforts aux grand'gardes attaquées, les recueille dans les positions qu'il a choisies à l'avance, et continue le combat. Il ne cesse la résistance que s'il en reçoit l'ordre.

Relèvement des avant-postes.

ART. 38. Quand les troupes reprennent la marche, le commandant des avant-postes donne les ordres nécessaires pour que les diverses fractions commencent à se rassembler dès que la ligne des sentinelles est dépassée par les premiers éléments d'infanterie de l'avant-garde et puissent reprendre en temps utile leur place dans la colonne.

Ces fractions rejoignent l'avant-garde dont elles faisaient partie, si celle-ci n'est pas relevée, ou prennent, dans la colonne, la place indiquée par le commandant des troupes.

Une grosse avant-garde peut rester chargée, pendant plusieurs jours consécutifs, de la sûreté en marche et en station, sous la réserve de faire participer successivement les différents éléments de l'avant-garde aux divers services des avant-postes.

Quand les troupes stationnent, le relèvement des avant-postes a lieu conformément aux ordres du commandement.

Mot d'ordre aux avant-postes.

Art. 39. Les mots d'ordre et de ralliement, ou éventuellement les signaux de reconnaissance destinés à les remplacer, doivent être portés à la connaissance du commandant des avant-postes, des commandants des grand'-gardes, des chefs des petits postes, des chefs des rondes, patrouilles et reconnaissances.

Les chefs des petits postes donnent aux sentinelles le mot de ralliement et leur font connaître les signaux convenus.

Consignes générales des avant-postes.

Art. 40. Les troupes aux avant-postes, indépendamment des consignes spéciales données au moment de l'installation, se conforment en toutes circonstances aux consignes générales suivantes :

Tout chef de petit poste ou de grand'garde doit toujours informer non seulement l'échelon en arrière, mais aussi les postes voisins, de la marche et des mouvements de l'ennemi, ainsi que des attaques qu'il a à craindre ou qu'il est occupé à soutenir.

Il doit également examiner et interroger les personnes passant à portée et particulièrement celles qui viennent du dehors.

En principe, personne ne doit sortir des lignes sans autorisation. Les officiers et les détachements envoyés en mission, les militaires isolés et les personnes étrangères à l'armée munies d'un laissez-passer ou d'un ordre délivré par l'autorité militaire, doivent se présenter au commandant de la grand'garde qui les fait accompagner jusqu'à la ligne des sentinelles.

Les personnes isolées qui demandent à entrer dans les lignes sont arrêtées par les sentinelles, qui donnent avis aux petits postes. Le chef du petit poste les fait conduire au commandant de la grand'garde : celui-ci les interroge, les fait fouiller au besoin et les envoie sous escorte au commandant des avant-postes. Les commandants des grand'gardes envoient de même au commandant des avant-postes les prisonniers faits sur l'ennemi, après les avoir interrogés.

Lorsque, pendant la nuit, une troupe ou un détachement se présente pour rentrer dans les lignes, les sentinelles l'arrêtent et préviennent le petit poste. Le chef du petit poste avertit le commandant de la grand'garde qui vient reconnaître la troupe. Le commandant de la grand'garde ne laisse passer la troupe que si son chef est porteur d'un ordre écrit ou appartient au corps couvert par les avant-postes. Dans le cas contraire, il envoie sous escorte le chef de la troupe au commandant des avant-postes, fait tenir la troupe à distance, avertit les postes voisins de se tenir sur leurs gardes et se prépare lui-même à combattre.

Quel que soit son grade, le chef de la troupe ainsi arrêtée est tenu de répondre à toutes les questions qui lui sont faites dans le but de constater son identité.

Pendant la nuit, les petits postes, la fraction de piquet des grand'gardes et la garde de police de la réserve prennent les armes pour les patrouilles, rondes et reconnaissances et tout ce qui s'approche d'elles; les sentinelles devant les armes reçoivent les consignes nécessaires à cet effet.

Une heure avant le jour, les petits postes, les grand'gardes et la réserve d'avant-postes prennent les armes et attendent ainsi les ordres du commandant des avant-postes.

Les troupes aux avant-postes ne rendent pas d'honneurs.

Indépendamment des avis immédiats qu'ils doivent transmettre sur tous les points importants, les commandants des grand'gardes adressent au commandant des avant-postes un rapport sur les événements de la nuit.

Le commandant des avant-postes est responsable de l'exécution du service.

Il communique au général de brigade tous les renseignements qui parviennent à sa connaissance et lui envoie, après les avoir interrogés, les gens suspects, les prisonniers et les déserteurs.

Le matin, il lui adresse un rapport après avoir reçu ceux des grand'gardes.

Parlementaires.

ART. 41. Lorsqu'un parlementaire se présente, les sentinelles l'arrêtent en dehors des lignes et le font tourner du côté opposé au poste et à l'armée. Le chef du petit poste vient le reconnaître, prend ses dépêches et les envoie au commandant de la grand'garde. Celui-ci en donne reçu et les fait parvenir sans retard au chef des troupes par l'intermédiaire du commandant des avant-postes.

Pour éviter toute indiscrétion, le chef du petit poste reste auprès du parlementaire ; à l'arrivée du reçu des dépêches, celui-ci est immédiatement congédié.

Si le parlementaire demande à être reçu par le commandant des troupes, le chef du petit poste lui fait bander les yeux ainsi qu'à son trompette et les conduit au petit poste où ils attendent l'ordre d'introduction. Cet ordre ne peut être donné que par le commandant des troupes lui-même.

Tandis que le trompette reste au petit poste, le parlementaire est envoyé, les yeux bandés, à la grand'garde, d'où un officier le conduit à la réserve des avant-postes, puis au commandant des troupes. Il est ramené avec les mêmes précautions au poste où il s'est présenté. Dans certains cas, le parlementaire doit être retenu temporairement ; par exemple quand il a pu recueillir des renseignements ou surprendre des mouvements qu'il importe de tenir cachés à l'ennemi.

Toute conversation avec un parlementaire est rigoureusement interdite.

Déserteurs.

Art. 42. Les sentinelles auxquelles se présentent des déserteurs ennemis leur ordonnent verbalement ou par signe de déposer leurs armes, et, s'ils sont à cheval, de mettre pied à terre et de dessangler leurs chevaux. Elles font feu sur eux s'ils n'obéissent pas.

Le chef du petit poste vient reconnaître les déserteurs et ne les laisse approcher que successivement.

Le commandant de la grand'garde à qui ils sont amenés les interroge sur tout ce qui peut concerner la sûreté de son poste, et les fait conduire sous escorte au commandant des avant-postes. Celui-ci les interroge de nouveau et les dirige sur le quartier général du commandant des troupes.

Postes d'examen.

Art. 43. Dans un stationnement prolongé il peut y avoir avantage à établir, sur la ligne même des petits postes, un poste spécial dit *poste d'examen*, chargé de recevoir, examiner et interroger les parlementaires, déserteurs, prisonniers et, d'une manière générale, toutes les personnes étrangères à l'armée qui demandent à entrer dans les lignes.

Dans ce cas, le commandant des avant-postes fixe la composition de ce poste d'examen et son emplacement, qui est généralement choisi sur la voie d'accès la plus importante.

À proximité de l'ennemi, le commandement supérieur peut interdire d'une manière absolue l'entrée et la sortie des lignes.

Avant-postes de la cavalerie opérant isolément.

ART. 44. Les troupes de cavalerie qui opèrent isolément (*cavalerie d'exploration*), ou à grande distance des colonnes (*cavalerie employée au service de sûreté de première ligne*), pourvoient elles-mêmes à leur sûreté.

On ne saurait, à cet égard, formuler de règles générales. Le commandant de la cavalerie détermine, dans chaque cas particulier, les dispositions des avant-postes d'après la situation tactique et le terrain. Plus encore que pour l'infanterie, il est essentiel de n'affecter au service des avant-postes de cavalerie que le minimum de forces nécessaires, afin d'assurer à la plus grande partie de la troupe un repos sans lequel elle serait promptement mise hors d'état de rendre aucun service.

La sûreté de la cavalerie, pendant le stationnement, repose avant tout sur les mesures prises dans chaque cantonnement. On choisit de préférence, pour abriter les escadrons, des fermes isolées, hameaux ou enclos. Les escadrons se barricadent dans leurs cantonnements et postent des hommes à pied près des points que l'ennemi peut aborder.

En outre, on établit à une distance plus ou moins grande en avant des cantonnements des postes destinés à signaler l'approche de l'ennemi. Ces postes sont placés près des carrefours, ponts, gués, etc.

Si, exceptionnellement, il est nécessaire d'occuper en force certains points, on peut être amené à constituer des escadrons de grand'garde qui se couvriront eux-mêmes par des postes et des vedettes.

Ces dispositions doivent être combinées avec un service très actif de patrouilles.

D'une manière générale, la cavalerie n'est susceptible de résister sur place qu'en faisant usage de son feu. Par suite, lorsque des avant-postes de cavalerie ont pour mission de se maintenir pendant un certain temps contre une attaque ennemie, ils ne doivent pas hésiter à combattre à pied.

TITRE V.

DES MARCHES.

ART. 45. Les marches s'exécutent suivant des règles qui varient avec la situation militaire et, notamment, avec la distance de l'ennemi.

A ce point de vue, on les distingue en :

Marches loin de l'ennemi, exécutées en toute sécurité;

Marches à proximité de l'ennemi, pendant lesquelles on peut être exposé à une rencontre;

Marches à l'ennemi, en vue d'un combat immédiat.

Les dispositions à prendre pour les marches dépendent, en outre, de la nature du pays, du nombre et de l'état des voies de communication; du mode de stationnement des troupes avant et après la marche, de l'état des troupes, de la longueur de l'étape et des circonstances atmosphériques.

Les règles générales des marches sont exposées dans le chapitre Ier du présent titre.

Les dispositions spéciales applicables dans les principaux cas particuliers font l'objet du chapitre II.

Les mesures de détail relatives aux trains régimentaires, parcs et convois, sont réunies dans le chapitre III.

CHAPITRE I".

Règles générales.

Éléments constitutifs des colonnes.

ART. 46. Les troupes, leurs trains de combat, les trains régimentaires, les parcs et les convois constituent les éléments des colonnes.

Les *trains de combat* fournissent les approvisionnements en munitions et matériel nécessaires sur le champ de bataille.

Ils comprennent : *dans chaque corps de troupe*, les voitures de munitions et d'outils, les voitures médicales, les voitures à viande et les voitures de cantinières ; *dans une division*, l'ambulance et les sections de munitions ; *dans un corps d'armée*, les ambulances, les sections de munitions, le parc du génie, l'équipage de ponts ; éventuellement, la section télégraphique et le parc aérostatique.

Les troupes avec les trains de combat constituent la colonne de combat.

Les *trains régimentaires* transportent des vivres, des effets de remplacement et les bagages des diverses unités qui font partie de la colonne.

Les *parcs* et les *convois* transportent un complément d'approvisionnements de première ligne. Ils comprennent : dans une division, le convoi administratif des subsistances ; dans un corps d'armée, le parc d'artillerie, les hôpitaux de campagne, le convoi administratif des subsistances, la boulangerie de campagne, le dépôt de remonte mobile et la réserve d'effets.

Ordre de marche des éléments.

ART. 47. La protection de la marche est assurée par la cavalerie, les avant-gardes, flanc-gardes et arrière-gardes, conformément aux règles exposées au titre *Sûreté*.

Les autres éléments de la colonne de combat marchent dans l'ordre commandé par la situation militaire.

L'artillerie doit être, d'une manière générale, rapprochée des têtes de colonnes, en vue de hâter le moment de son entrée en action. Toutefois, sa sécurité exige qu'elle ne forme jamais le premier élément d'une colonne. Il convient en outre, de tenir compte de la nécessité de ne pas trop retarder l'arrivée de l'infanterie.

Dans les circonstances les plus habituelles de la marche d'un corps d'armée en une seule colonne, les batteries divisionnaires de la première division, qui ne sont pas à l'avant-garde, seront généralement bien placées derrière le premier bataillon du gros; l'artillerie de corps derrière la première division, les batteries des divisions suivantes, entre les deux brigades de leur division.

S'il a été nécessaire de placer a l'avant-garde toute l'artillerie de la première division, on pourra être conduit à rapprocher l'artillerie de corps de la tête de la colonne.

6

En général, les fractions constituées, qui composent la colonne de combat, prennent à tour de rôle la tête de l'unité (régiment, brigade, division) dont elles font partie. Le commandement apporte à cette disposition les modifications qu'il juge nécessaires, en raison des fatigues qui pourraient en résulter pour les troupes ou de toute autre considération.

Tout corps de troupe est accompagné de son train de combat.

Dans une colonne de division ou de corps d'armée, le train de combat de la division ou du corps d'armée marche groupé à la queue de la colonne de combat, mais avant l'arrière-garde. Toutefois, dans la colonne de corps d'armée, les ambulances divisionnaires marchent, en général, immédiatement derrière leur division.

Les diverses fractions constituées de la colonne de combat, ainsi que les différents groupes qui composent les trains régimentaires et les convois, sont séparés au départ par des distances suffisantes pour que le mouvement s'exécute avec régularité et sans à-coup. Ces distances sont fixées, soit par les règlements de manœuvre, soit par le commandement. Elles peuvent disparaître complètement pendant la marche. On les reprend à chaque halte.

Formations de marche.

ART. 48. La marche s'exécute autant que possible sur le côté droit de la route, de manière à laisser le côté gauche libre pour la circulation.

Les formations de marche à employer pour les différentes armes varient avec la situation militaire et sont définies par les règlements de manœuvres.

En général, l'infanterie marche par le flanc, à rangs doublés; la cavalerie par quatre, les voitures de l'artillerie, des trains et des convois sur une file; les chevaux de main, les mulets de bât, les animaux haut le pied par quatre ou par deux.

Formation des colonnes.

Art. 49. En principe la mise en route des colonnes ne doit pas être précédée d'un rassemblement général.

Les mesures à prendre pour la formation de la colonne dépendent de la disposition des cantonnements occupés par les troupes avant le départ.

Si les troupes occupent, de part et d'autre de la route à suivre, des cantonnements plus ou moins concentrés dans le sens du front, la colonne se forme par l'arrivée successive des divers éléments en un même point dit *point initial*.

Le commandement détermine le point initial d'après la situation des cantonnements et des chemins utilisables pour rejoindre la ligne de marche. Il fixe les heures de passage en ce point

des unités principales et, au besoin, les itiné-
raires à suivre pour s'y rendre.

Il désigne, s'il est nécessaire, un point initial
particulier pour les troupes auxquelles le passage au point initial de l'ensemble de la colonne
imposerait un détour inutile.

Les chefs des unités subordonnées font reconnaître l'itinéraire à suivre pour rejoindre le
point initial, estiment le temps nécessaire à
leur tête de colonne pour y arriver et fixent en
conséquence l'heure du départ de leur troupe.
Ils peuvent, s'il y a lieu, désigner pour leur
unité, un point initial intermédiaire.

Tout point initial doit être d'un accès facile
et présenter des abords dégagés. Il faut éviter
de le choisir à la sortie d'un défilé, village,
bois, etc.

Si les cantonnements de la colonne sont
échelonnés en profondeur sur la route à suivre,
la colonne se forme par la mise en marche,
en temps opportun, de ses différentes fractions.
Le commandement fixe l'heure du départ des
éléments principaux, les commandants subordonnés agissent de même pour les fractions
sous leurs ordres.

Zones de marche.

ART. 50. Lorsque les troupes marchent sur
plusieurs colonnes, il appartient au commandement d'affecter à chacune d'elles une *zone
dite de marche*, dont tous les chemins et toutes

les ressources en logement et en vivres lui sont,
sauf ordres contraires, exclusivement réservés.

Ordres de mouvement.

Art. 51. Les prescriptions relatives aux
marches font l'objet des ordres de mouvement.

Un ordre de mouvement comprend en général :

1° Des renseignements sur la situation de
l'ennemi et sur le but à atteindre;

2° Les prescriptions pour l'exécution de la
marche (composition, dispositif, itinéraire et
zone de marche des colonnes, mise en mouvement, haltes, place du commandant des troupes
et, s'il y a lieu, mesures concernant les avant-
postes, les cantonnements et l'alimentation);

3° Des indications sur le mouvement des
unités voisines et sur les liaisons à établir avec
elles.

On doit éviter d'insérer dans les ordres de
mouvement des indications ou prescriptions
qui n'intéressent pas les troupes auxquelles ils
s'adressent.

Préparation de la marche.

Art. 52. Chaque commandant de colonne,
dès qu'il a reçu l'ordre de mouvement, étudie
sur la carte et en s'entourant de tous les renseignements qu'il peut se procurer, le terrain com-

pris dans sa zone de marche, la route que doit suivre sa colonne et les communications transversales qui lui permettront de communiquer avec les colonnes voisines. Il fait rechercher au besoin les gens qui connaissent bien le pays et peuvent lui servir de guides.

Il prescrit et fait exécuter à l'avance, s'il est possible, les travaux nécessaires pour réparer et aménager la route.

Préparatifs de départ.

ART. 53. Autant que possible, les soldats doivent manger avant le départ et porter sur eux un repas froid. Les bidons sont remplis d'eau mélangée de café ou d'eau-de-vie.

On donne aux chevaux une fraction de la demi-ration réservée pour la route.

Les feux doivent être éteints, les bivouacs ou cantonnements remis en ordre avant le départ.

A tous les degrés de la hiérarchie, le commandement a le devoir de ne pas imposer aux troupes les fatigues inutiles d'un stationnement prolongé avant le départ.

Le départ n'est jamais retardé. Si l'officier qui commande n'est pas à la tête de sa troupe, lorsque celle-ci doit partir, l'officier de rang immédiatement inférieur la fait mettre en marche.

Vitesse de la marche.

ART. 54. La vitesse de la marche d'une colonne de toutes armes est celle de l'infanterie.

Cette vitesse varie avec la nature du terrain et des routes, les circonstances atmosphériques, la longueur de l'étape et l'état des troupes. Mais en toutes circonstances, elle doit être maintenue aussi uniforme que possible pendant toute la durée de la marche.

Haltes horaires.

Art. 55. En principe, après chaque période de cinquante minutes de marche, il est fait une halte de dix minutes, dite *halte horaire*.

L'ordre de mouvement fixe l'heure de la première halte; les suivantes se font sans nouveaux ordres.

Chaque chef de *bataillon, escadron, batterie* arrête et remet en marche, à l'heure précise, l'unité qu'il commande.

Au moment de l'arrêt, les troupes et les voitures serrent sur la tête de l'unité. Les troupes à pied forment les faisceaux et déposent les sacs; les troupes à cheval mettent pied à terre.

Grand'halte.

Art. 56. Il est fait une grand'halte si la distance à parcourir, la température ou toute autre circonstance la rendent nécessaire.

Cette grand'halte a lieu pour tout ou partie de la colonne. Il est désigné un ou plusieurs emplacements de grand'halte pour les diverses fractions de la colonne.

L'ordre de mouvement indique l'emplacement

ou les emplacements de grand'halte, les troupes qui doivent s'y arrêter et la durée de la halte.

Tout emplacement de grand'halte est choisi à proximité de l'eau et, autant que possible, aux deux tiers, ou au trois quarts du chemin à parcourir par les troupes qui s'y arrêtent.

Les unités désignées arrivent successivement au lieu fixé. Un officier d'état-major leur indique l'emplacement qu'elles doivent occuper. Chacune d'elles reprend la marche après le temps de repos prescrit.

Police pendant la marche.

ART. 57. Il est défendu de faire aucun cri de marche ou de halte pendant la marche.

Des voitures d'ambulance peuvent être mises à la disposition des corps de troupe pour recueillir les malades et les éclopés. Un détachement de police marchant à la suite de chaque corps est chargé de faire rejoindre les traînards. Le détachement de police qui marche le dernier dans la colonne est renforcé par des gendarmes; il visite les localités traversées, arrête les maraudeurs et les traînards. A l'arrivée, il remet à la gendarmerie les maraudeurs pris en flagrant délit et dirige les autres hommes sur leurs corps.

Devoir des officiers et gradés.

ART. 58. Pendant la marche, chaque chef de corps ou de détachement rend compte aussitôt que possible, à son chef direct de la situation matérielle et morale de la troupe qu'il commande.

Le commandant de la colonne s'assure que les troupes marchent dans l'ordre prescrit. Il prend toutes les mesures nécessaires pour remédier aux incidents qui peuvent se produire : croisement de colonnes, encombrement aux passages difficiles, etc.

Il use de tous les moyens qui sont à sa disposition pour entrer en relations avec les commandants des colonnes voisines et les tenir au courant de sa marche, de sa situation et des nouvelles importantes qui lui parviennent.

Les officiers généraux et les commandants des unités subordonnées s'arrêtent souvent pour voir leur troupe marcher. Ils se font également renseigner par des officiers montés sur la manière dont la marche s'exécute. Ils donnent ou provoquent les ordres relatifs aux modifications que les circonstances pourraient rendre nécessaires dans la tenue.

Les commandants des *bataillons*, *escadrons* et *batteries* veillent à ce que la tête de leur unité marche à une allure uniforme, sans ralentissement subit et sans brusque augmentation de vitesse.

Les officiers et gradés veillent à ce que chaque soldat marche à sa place et que personne ne quitte les rangs sans autorisation. Tout homme autorisé à quitter momentanément les rangs doit remettre son fusil à son voisin; il est tenu de rejoindre le plus promptement possible.

Troupes qui se rencontrent.

ART. 59. En principe, nulle troupe en marche ne doit être coupée par une autre.

Dans le cas où, pour une cause quelconque, deux têtes de colonnes se rencontrent, la colonne commandée par l'officier le plus élevé en grade ou le plus ancien passe de droit la première, si on est loin de l'ennemi.

A proximité de l'ennemi, il appartient au plus élevé en grade ou au plus ancien des deux chefs de colonne de prescrire les dispositions à prendre, d'après le vu des ordres respectifs.

Une colonne qui en trouve une autre arrêtée passe la première, si l'ancienneté de son chef lui en donne le droit. Elle passe encore si l'autre ayant le droit de marcher ne veut pas en user immédiatement.

Dans tous les cas, la colonne qui passe la première est suivie de son train de combat; elle laisse en arrière son train régimentaire, qui ne reprend sa marche qu'après le passage de la seconde colonne et de son train de combat, mais avant le train régimentaire de cette seconde colonne.

Honneurs.

ART. 60. En campagne, les troupes ne rendent d'honneurs ni pendant les marches ni pendant les haltes.

CHAPITRE II.

Dispositions spéciales.

Marches loin de l'ennemi.

Aʀᴛ. 61. Lorsque la marche s'exécute à une distance telle de l'ennemi *que toute rencontre puisse être considérée comme impossible,* on s'attache surtout à faciliter le mouvement des troupes et à diminuer leurs fatigues.

Les distances entre les éléments sont augmentées de façon à donner plus d'indépendance à la marche des grandes unités.

Les trains régimentaires sont intercalés dans la colonne en totalité ou en partie, à la suite des unités auxquelles ils appartiennent, de manière à assurer les distributions des vivres et des bagages dès l'arrivée au gîte.

Les convois sont rapprochés de la colonne suivant les besoins du ravitaillement.

A la fin de la marche, les cantonnements sont échelonnés en profondeur sur la route suivie et à courte distance de part et d'autre de cette route, de manière à éviter les mouvements latéraux et à permettre pour le lendemain la mise en route presque simultanée de tous les éléments de la colonne.

Marches à proximité de l'ennemi.

ART. 62. Dès qu'en raison de la proximité de l'ennemi une rencontre devient possible, les troupes marchent dans l'ordre commandé par l'urgence de leur arrivée sur le champ de bataille.

On diminue la profondeur des colonnes et des cantonnements, et on rejette en arrière tous les impédimenta.

Si la largeur de la route le permet, on fait marcher l'infanterie sur 6 ou 8 hommes de front et les voitures des batteries et trains de combat sur deux files.

Les diverses unités conservent leur distance et on évite avec soin de les mélanger.

Si la route présente des étranglements, le commandement prend, en temps utile, et dans la limite du possible, les dispositions nécessaires pour préparer en ces points des passages supplémentaires qui permettent d'assurer la continuité du mouvement.

Les trains régimentaires marchent groupés à la queue des colonnes; on peut, s'il est nécessaire, leur affecter des routes distinctes de celles qui sont suivies par les troupes.

Les convois sont maintenus au moins à un ou deux jours de marche en arrière des troupes.

Marches à l'ennemi en vue d'un combat immédiat.

ART. 63. Lorsqu'on marche à l'ennemi en

vue d'un combat immédiat, toute considération cède le pas à la nécessité de pouvoir s'engager avec tous ses moyens d'action; les troupes doivent, à cet effet, être aussi concentrées que possible dans la main du commandement.

Dans la zone de marche affectée à chaque corps d'armée, on multiplie les colonnes en utilisant toutes les voies de communication. Au besoin, on réserve les routes à l'artillerie et aux voitures, et les colonnes d'infanterie suivent à travers champs des pistes reconnues par des officiers d'état-major et préparées par des détachements de travailleurs.

Si le terrain le permet, les grandes unités de combat, brigades, divisions, corps d'armée marchent à travers champs, leurs divers éléments formés et disposés dans l'ordre assigné par le commandement.

Dans les mêmes conditions on peut être amené à faire marcher les troupes à travers les bois. Il importe, en ce cas, de prendre toutes les mesures nécessaires pour maintenir l'ordre et garder les unités aussi groupées que le permet la traversée du bois.

Il est fait le plus large emploi des troupes du génie pour supprimer les obstacles au mouvement.

Les trains régimentaires et les convois sont maintenus ou renvoyés en arrière. Le commandement leur assigne des points de rassemblement où ils se tiennent prêts à se mettre en route au premier ordre.

Le parc d'artillerie et les hôpitaux de campagne sont au contraire dirigés sur des points rapprochés du champ de bataille.

Marches forcées.

ART. 64. Lorsqu'il y a lieu, en raison de la situation militaire, de hâter l'arrivée des colonnes, les troupes exécutent des marches forcées pendant lesquelles le mouvement se continue nuit et jour.

La durée de ces marches ne peut, en général, être prolongée au delà de trente-six heures. On fait alterner, s'il y a lieu, des périodes de mouvement comportant elles-mêmes des haltes horaires et des grand'haltes avec de longs repos d'au moins trois heures, pendant lesquels les troupes peuvent manger et dormir.

Marches de nuit.

ART. 65. Les marches de nuit imposent aux troupes des fatigues exceptionnelles. Néanmoins, il est souvent nécessaire d'y avoir recours, soit pour l'exécution des marches forcées, soit en raison d'autres circonstances, telles que l'obligation de dissimuler ses mouvements à l'ennemi.

Dans les marches de nuit, on doit prendre toutes les mesures qui peuvent assurer la marche régulière de la colonne dans la direction prescrite. A cet effet, des guides sont attachés aux principaux éléments de la colonne, les distances entre les éléments sont diminuées;

des gradés jalonnent la route à suivre et sont relevés successivement par les divers corps.

Marches par la chaleur et par le froid.

ART. 66. Lorsque les marches s'effectuent par la chaleur, on doit, si la situation militaire le permet, augmenter les distances entre les éléments ainsi que le nombre des haltes, diminuer la vitesse, suspendre le mouvement pendant les heures les plus chaudes de la journée. Une des précautions les plus importantes est de faire boire les hommes pendant la marche.

Par le froid, il faut augmenter la ration et empêcher les hommes de rester immobiles pendant les haltes.

Par la neige on relève fréquemment les fractions formant tête de colonne.

Dispositions spéciales aux colonnes de cavalerie.

ART. 67. Les groupes de cavalerie de quelque importance ne doivent être intercalés dans les colonnes composées de diverses armes qu'en cas de nécessité bien établie, la différence d'allure de l'infanterie et de la cavalerie se traduisant pour l'une ou pour l'autre par de la gêne et de la fatigue.

Ces groupes forment en principe des colonnes distinctes qui, tout en observant les règles générales du présent titre, se conforment pour l'exécution des marches aux prescriptions suivantes :

Toute colonne de cavalerie est mise en mouvement au pas, et s'arrête pendant quelques minutes à deux ou trois kilomètres de son point de départ. Les officiers profitent de cette première halte pour procéder à une inspection rapide de leurs cavaliers, font rectifier les paquetages et ressangler les chevaux.

Il n'est fait ultérieurement ni haltes horaires ni grand'haltes. Les arrêts, toujours de courte durée, sont subordonnés à l'étendue du trajet et peuvent être échelonnés de deux heures en deux heures.

Pendant la marche, on fait alterner le pas et le trot, mais en n'employant, en principe, cette dernière allure que sur les terrains plats.

Les distances qui séparent les différentes unités de la colonne sont réglées de manière à faciliter pour chaque élément l'emploi des différentes allures en terrain favorable.

Au pas, les colonnes de cavalerie font 6 kilomètres à l'heure, haltes comprises.

Lorsqu'on fait alterner le pas et le trot, la vitesse de marche varie avec la nature du pays ; une vitesse de 8 kilomètres à l'heure peut être considérée comme une allure normale, pour les colonnes de quelque importance (régiment, brigade, division).

Dans les marches forcées, l'allure des colonnes de cavalerie doit être lente. On diminue le nombre et l'étendue des temps de trot, on augmente la durée des temps de pas; et si la longueur du parcours nécessite un repos, on prolonge celui-ci pendant quatre ou cinq heures.

Les trains de combat sont toujours maintenus en arrière du gros. Les chevaux de main marchent avec les trains de combat; ils peuvent être intercalés, au besoin, entre les divers éléments de la colonne.

Loin de l'ennemi, la cavalerie marche sur les routes en colonne par quatre.

A proximité de l'ennemi, les gros de cavalerie se forment en colonnes de masses, dès qu'ils quittent les routes, et s'avancent par bonds successifs à travers champs.

Quand on marche à l'ennemi, en vue d'un combat immédiat, on augmente le nombre des colonnes de masses, tout en se concentrant, de manière à faciliter le déploiement rapide de tous les éléments de l'attaque.

CHAPITRE III.

Dispositions de détail relatives aux trains régimentaires, parcs et convois.

Trains régimentaires.

ART. 68. En général, les trains régimentaires des quartiers généraux et corps de troupe

7

marchent derrière l'arrière-garde de la colonne.

Ils s'échelonnent dans le même ordre que
les unités auxquelles ils appartiennent.

Les diverses voitures du train régimentaire
d'un même quartier général ou corps de troupe
marchent dans l'ordre suivant : voitures à
vivres, voitures à bagages et voitures à effets.

Le train régimentaire de chaque quartier
général ou corps de troupe est sous les ordres
directs de l'officier d'approvisionnement de ce
quartier général ou corps de troupe.

Dans une colonne de division, l'ensemble des
trains régimentaires est commandé par l'officier
de gendarmerie vaguemestre de la division.

Dans une colonne de corps d'armée, l'ensemble des trains régimentaires est commandé
par le prévôt du corps d'armée, qui a sous ses
ordres les officiers de gendarmerie vaguemestres
des divisions et du quartier général du corps
d'armée.

Dans les marches exécutées à l'abri de toute
rencontre de l'ennemi, chaque unité peut être
suivie de tout ou partie de son train régimentaire, conformément aux prescriptions de l'article 61.

En principe, les trains régimentaires sont
gardés par les conducteurs des voitures et par
les hommes de troupe qui, pour une cause
quelconque, marchent avec la colonne des
trains régimentaires.

Une escorte leur est donnée, quand la situation militaire et leur éloignement de la colonne le rendent nécessaire.

Les ordres pour la réunion et le départ des trains régimentaires sont donnés : au prévôt du corps d'armée ainsi qu'aux vaguemestres des quartiers généraux et des divisions, par les chefs d'état-major ; aux officiers d'approvisionnement des corps de troupe, par les chefs de corps.

Les vaguemestres dans les quartiers généraux, et les officiers d'approvisionnements dans les corps de troupe, réunissent les voitures et les mettent en route assez à temps pour que les trains qu'ils dirigent prennent place dans la colonne à l'heure prescrite.

Parcs et convois.

ART. 69. Les parcs et les convois forment toujours des colonnes séparées. Leur groupement dépend des circonstances et des besoins du ravitaillement.

Les différentes subdivisions des parcs et des convois sont respectivement commandées :

Le parc d'artillerie par l'officier supérieur directeur du parc ;

Le groupe des hôpitaux de campagne par le médecin le plus élevé en grade ;

Les convois administratifs des subsistances, la boulangerie de campagne, le dépôt de remonte mobile et la réserve d'effets par l'officier ou gradé du détachement du train des équipages mifitaires qui attelle les voitures de chacune de ces subdivisions.

Lorsque les parcs et les convois d'un corps d'armée marchent réunis, ils sont placés sous les ordres du commandant du parc d'artillerie.

Le plus souvent, les parcs et les convois d'un corps d'armée sont groupés en plusieurs échelons ou forment plusieurs colonnes distinctes. Ces colonnes ou ces échelons sont alors placés sous les ordres de chefs spécialement désignés.

L'ordre de mouvement détermine, pour chaque colonne de parcs ou de convois, l'itinéraire et l'ordre de marche des différentes subdivisions ou des différents échelons. Il indique l'heure à laquelle la tête de chaque subdivision ou de chaque échelon doit être mise en route.

La garde des convois est assurée par les détachements qui entrent dans la composition organique de chacun d'eux. Une escorte spéciale peut leur être affectée, quand la situation militaire l'exige.

Le nombre des voitures entrant dans la composition des trains, parcs et convois doit être exactement maintenu dans les limites réglementaires. Les autorités militaires, aux différents échelons de la hiérarchie, s'en assurent fréquemment.

Les voitures ne peuvent recevoir, sans un ordre spécial du commandement, d'autres objets que ceux compris dans leur chargement régulier.

TITRE VI.

CANTONNEMENTS,
BIVOUACS ET CAMPS

CHAPITRE Iᵉʳ.

Principes généraux.

Divers modes de stationnement.

Art. 70. Les troupes qui occupent des lieux habités, sans y être casernées, sont *en cantonnement.*

Les troupes qui sont installées en plein air ou sous des abris improvisés sont au *bivouac.*

Lorsque le séjour au bivouac doit se prolonger, les troupes sont installées sous la tente ou dans des baraques, et les bivouacs prennent le nom de *camps.*

Le mode normal de stationnement des troupes en campagne est le *cantonnement.*

Le bivouac, en raison des inconvénients qu'il présente pour la santé des troupes, ne doit être employé que si la situation militaire l'exige ou s'il y a lieu de concentrer des effectifs considérables dans une zone déterminée dont les ressources ne permettront pas de cantonner la totalité des troupes.

Répartition des zones de stationnement.

ART. 71. À tous les degrés de la hiérarchie, chaque commandant de troupes répartit la zone de stationnement entre les unités placées sous ses ordres. Les commandants d'armée, de corps d'armée ou de division fixent les emplacements des quartiers généraux des unités qui leur sont immédiatement subordonnées.

Du campement.

ART. 72. On appelle *campement* la réunion du personnel chargé de reconnaître et de préparer un cantonnement ou un bivouac.

Le campement d'un régiment d'infanterie se compose d'un officier, d'un adjudant par bataillon et, par compagnie, du fourrier, d'un caporal et de deux soldats. Le campement d'un bataillon formant corps est toujours commandé par un officier.

Celui d'un régiment de cavalerie ou d'un groupe de batteries se compose d'un officier, d'un adjudant, et, par escadron ou batterie, d'un fourrier, d'un brigadier et de deux soldats.

Le campement du quartier général ou de chacun des services d'une armée, d'un corps d'armée, d'une division, comprend un officier assisté de un ou plusieurs soldats.

La composition indiquée ci-dessus pour les divers campements peut être modifiée par le commandement suivant les circonstances. En général, on les renforce par les fractions destinées à constituer les gardes de police du cantonnement.

Lorsque plusieurs corps de troupes ou services doivent être concentrés dans un même cantonnement, l'ensemble des campements est commandé par l'officier le plus ancien dans le grade le plus élevé. Toutefois, si un quartier général fait partie des troupes réunies dans le cantonnement, le commandement appartient, à grade égal, à l'officier d'état-major qui commande le campement de ce quartier général.

CHAPITRE II.

Du cantonnement.

Dispositions générales.

Art. 73. La disposition d'ensemble des cantonnements à occuper dépend de la situation tactique, de la marche du jour et des projets ultérieurs du commandement.

Il est souvent avantageux de faire cantonner les troupes en profondeur le long des routes qu'elles suivent et qu'elles doivent reprendre le lendemain.

A grande distance de l'ennemi, les cantonnements peuvent être étendus de manière à assurer aux hommes des abris convenables; dans le voisinage de l'ennemi, les cantonnements sont plus resserrés.

Dans chaque localité, on peut utiliser toute la superficie couverte; toutefois, les habitants ne sont jamais délogés de la chambre et du lit où ils ont l'habitude de coucher.

Préparation d'un cantonnement.

ART. 74. En arrivant dans la localité où un corps de troupe doit cantonner, le campement se rend directement à la mairie. L'officier qui le commande requiert le concours de la municipalité et procède à la répartition du cantonnement entre les compagnies, escadrons ou batteries. A cet effet, il consulte les plans de la localité, l'explore rapidement s'il est nécessaire, et fait recueillir par ses subordonnés tous les renseignements utiles.

Il fixe l'emplacement de la garde de police au centre et, autant que possible, dans la maison commune, ainsi que l'emplacement du parc, s'il y a lieu. Il reconnaît ou fait reconnaître les abreuvoirs, les endroits où les hommes prendront l'eau et ceux où ils devront laver leur linge.

Les fourriers reconnaissent les maisons dans les parties du cantonnement qui leur sont assignées et inscrivent lisiblement à la craie, sur la porte, le nombre d'hommes et de chevaux que la maison doit abriter ainsi que l'indication de la fraction à laquelle ils appartiennent.

Les noms et grades des officiers sont indiqués sur les portes des logements qui leur sont affectés.

Lorsqu'une même localité doit être occupée par plusieurs corps de troupe, le commandant de l'ensemble des campements assure la répartition entre les différents corps ou services, en tenant compte des besoins de chacun d'eux.

Il choisit les locaux à prélever pour les quartiers généraux, s'il doit y en avoir dans la localité.

Les règles principales auxquelles doit se conformer tout officier chargé de la préparation d'un cantonnement ou d'une partie du cantonnement sont les suivantes :

Placer des sentinelles aux issues du cantonnement pour intercepter toute communication des habitants avec l'extérieur;

Assigner à chaque unité ou service un quartier spécial délimité avec le plus grand soin;

Affecter, autant que possible, les deux côtés d'une rue à la même unité;

Établir les unités montées à proximité des abreuvoirs;

Installer les parcs soit dans le cantonnement, soit hors du cantonnement, mais toujours hors des rues et des routes;

Loger les officiers de tout grade dans le même quartier que leur troupe et autant que possible vers le centre;

Loger les états-majors à proximité des locaux leur servant de bureau.

Lorsque toutes les dispositions nécessaires sont prises, chaque commandant de campement dresse un tableau des renseignements qu'il est utile de communiquer à la troupe.

Il envoie ensuite les adjudants ou fourriers sur les points les plus favorables pour amener directement les troupes dans leurs quartiers, se porte de sa personne à la rencontre du commandant de l'unité pour laquelle il a opéré et lui rend compte.

Installation au cantonnement.

ART. 75. Les troupes sont arrêtées à l'entrée du cantonnement et, sous aucun prétexte, personne ne doit y pénétrer avant le retour du commandant du campement.

Le commandant des troupes donne ses ordres généraux et le signal de l'installation. Les corps sont dirigés sur les quartiers qui leur sont assignés, et les compagnies, escadrons ou batteries, guidés par leurs fourriers s'établissent dans leurs cantonnements. Le drapeau ou l'étendard est porté au logis du colonel.

Les gardes de police, si elles ne sont déjà établies, vont directement prendre possession de leurs postes; si elles ont des prisonniers à garder, elles les enferment dans la maison qu'elles occupent ou dans les maisons voisines.

Les ambulances s'établissent dans les locaux qui leur sont assignés et arborent leurs drapeaux de manière à les mettre bien en évidence; elles placent de même leurs lanternes pour la nuit.

Les quartiers généraux placés au centre du cantonnement des troupes, sur les grandes voies de communication ou sur des places, sont indiqués par leurs fanions de commandement et la nuit par leurs lanternes.

Cantonnement d'alerte.

ART. 76. Lorsqu'une troupe cantonne très près de l'ennemi, ou qu'il est nécessaire de lui donner le moyen de se préparer très rapidement à sortir du cantonnement, on l'installe en *cantonnement d'alerte*.

A cet effet, on utilise de préférence les rez-de-chaussée et on réunit les troupes, par fractions constituées, dans de grands locaux qu'on éclaire la nuit.

Les portes des habitations occupées sont maintenues ouvertes; au besoin, on pratique des issues supplémentaires. Les rues sont éclairées pendant la nuit, s'il y a lieu.

Les hommes couchent tout habillés, prêts à prendre les armes, les cavaliers à côté de leurs chevaux, les officiers au milieu de leur troupe.

Si la situation le comporte, les chevaux peuvent rester sellés et bridés, et être réunis dans des cours, sur des places, etc.

Cantonnement-bivouac.

ART. 77. Lorsque les ressources du cantonnement ne permettent pas d'abriter la totalité des troupes qui l'occupent, celles-ci s'installent en *cantonnement-bivouac*.

A cet effet, chaque corps ou fraction de corps utilise aussi complètement que possible les locaux mis à sa disposition; les fractions qui ne peuvent y trouver place bivouaquent dans les cours et jardins attenant à ces locaux, ou dans leur voisinage immédiat. Dans aucun cas, les rues et chemins ne doivent être utilisés pour le bivouac.

CHAPITRE III.

Bivouacs.

Préparation et installation des bivouacs.

Art. 78. La disposition des bivouacs est subordonnée à la forme du terrain, à la dimension des espaces libres sur lesquels on veut les établir, et surtout aux exigences tactiques du moment.

Autant que possible, les bivouacs sont établis à l'abri des vues de l'ennemi et sur des terrains secs, offrant des débouchés faciles dans toutes les directions, à portée des ressources en eau, en bois et en fourrages.

Lorsque les bois remplissent ces conditions, et que les communications y sont faciles, on peut les utiliser comme emplacement de bivouac; on a ainsi l'avantage de dissimuler la présence de tout ou partie de la troupe qui les occupe.

Lorsqu'une grande unité doit bivouaquer, il est préférable de la répartir en plusieurs bivouacs, afin de mieux utiliser le terrain et de faciliter les rassemblements en cas d'alerte.

Le commandement indique d'une manière générale les positions à occuper pour le bivouac. Les emplacements exacts des bivouacs sont reconnus par les campements.

L'officier qui commande l'ensemble des campements des unités réunies dans un même bivouac répartit le terrain entre les divers corps de troupe.

Chaque chef de campement fait jalonner les limites du bivouac qui lui est assigné.

Les troupes s'installent au bivouac en prenant les formations indiquées à l'article 79.

Les officiers bivouaquent avec leur troupe.

Autant que possible, les quartiers généraux et les ambulances sont établis dans des habitations. Les quartiers généraux sont installés vers le centre et à proximité des troupes, dans le voisinage des grandes voies de communication.

Formations de bivouac.

ART. 79. Les unités pour lesquelles il est prévu des *formations de bivouac* réglementaires sont :

Dans l'infanterie, le bataillon ;

Dans la cavalerie, le régiment ;

Dans l'artillerie, la batterie.

Pour le bivouac des unités supérieures, les bataillons, régiments ou batteries sont disposés les uns par rapport aux autres, soit en colonne soit en ligne, à des distances et intervalles variables suivant le terrain.

Le bataillon d'infanterie bivouaque en colonne double ou en ligne de colonnes de compagnie; le régiment de cavalerie, en colonne d'escadrons ou en bataille, les chevaux attachés au moyen de l'anneau de bivouac ou à la corde; la batterie bivouaque le parc formé sur deux lignes, les chevaux attachés à des cordes tendues derrière le parc, perpendiculairement au front [1].

CHAPITRE IV.

Service dans les cantonnements et bivouacs.

Dispositions générales.

ART. 80. Les règles contenues dans les règlements sur le service dans les places de guerre et villes de garnison, et sur le service intérieur des troupes des différentes armes, sont applicables dans les cantonnements, bivouacs et

---

[1] Le détail des formations de bivouac est indiqué dans les instructions pratiques sur le service des différentes armes en campagne.

camps, en tout ce qui n'est pas contraire au présent règlement.

Commandement du cantonnement
ou bivouac.

ART. 81. Dans tout lieu de stationnement,
l'officier le plus élevé en grade prend le titre
de *commandant du cantonnement ou bivouac.*

D'une manière générale, ses attributions sont
celles qui sont indiquées pour le commandant
d'armes dans le règlement sur le service dans
les places de guerre et les villes de garnison.

Il règle les services généraux du cantonnement sans s'immiscer dans le service intérieur
des corps qui ne relèvent pas normalement de
son commandement.

Il prescrit les mesures nécessaires pour maintenir l'ordre et pour assurer la surveillance et,
au besoin, la défense du cantonnement ou du
bivouac.

Tout officier général commandant un cantonnement ou bivouac dans lequel sont réunis plusieurs corps ou fractions de corps désigne pour
le seconder un officier supérieur, qui prend le
nom de *major du cantonnement ou du bivouac.*

La garde de police d'un des corps, renforcée
s'il y a lieu, est désignée comme poste central
de police du cantonnement ou bivouac. Les
corps de troupe y détachent des plantons pour
la transmission des ordres du commandant du
cantonnement.

Service de jour.

ART. 82. Dans chaque corps de troupe et dans tous les grades, le service de semaine est remplacé par le service de jour.

Les gardes, les détachements et les travailleurs sont toujours fournis par fractions constituées.

Il est commandé tous les jours dans chaque régiment d'infanterie une compagnie, et dans chaque régiment de cavalerie un demi-escadron, pour fournir la garde de police, les autres gardes intérieures et le piquet. Ces fractions sont dites *de jour*.

Le capitaine de la compagnie de jour dans l'infanterie, du demi-escadron de jour dans la cavalerie, est chargé des distributions; il est secondé dans ce service par ceux de ses officiers qui restent disponibles, et, si cela est nécessaire, par les officiers de jour des autres compagnies ou escadrons.

A défaut de capitaine dans la compagnie ou le demi-escadron, le plus ancien des officiers de jour fait fonction de capitaine chargé des distributions.

Dans un bataillon formant corps ou détaché, le service de jour est fourni par un peloton pris à tour de rôle dans les compagnies; l'officier qui le commande est chargé des distributions.

L'officier supérieur de jour a sous ses ordres la fraction de jour, les officiers de jour et l'adjudant-major de jour.

Dans les corps où il n'y a pas d'adjudant-major, toutes les fonctions de l'adjudant-major sont exercées par le capitaine de jour.

Aucun officier ne peut s'absenter du cantonnement ou du bivouac, à moins d'en avoir obtenu la permission et de s'être fait remplacer, s'il est de jour.

Garde de police.

Art. 83. Dans les cantonnements ou bivouacs, chaque corps de troupe a sa garde de police.

Les gardes de police assurent l'ordre dans les lieux de stationnement, y font observer les règles de police, surveillent les équipages et les munitions, y gardent les hommes punis. Elles fournissent les sentinelles et les patrouilles nécessaires à cet effet.

La garde de police d'un régiment d'infanterie est composée d'une section de la compagnie de jour; elle est commandée par le chef de cette section. Celle d'un bataillon formant corps ou détaché est composée d'une demi-section commandée par son sous-officier; celle d'une compagnie isolée, d'une escouade commandée par un caporal.

La garde de police d'un régiment de cavalerie se compose généralement d'un demi-peloton; celle d'un escadron isolé, d'une escouade ou fraction d'escouade.

Dans l'artillerie, il est établi une garde de police pour l'ensemble des batteries ou sections de munitions qui relèvent du même comman-

8

dement (groupe, artillerie divisionnaire, artillerie de corps, etc.). Cette garde de police est commandée par un maréchal des logis.

Il est détaché à la garde de police de chaque corps de troupe le nombre de plantons nécessaire pour assurer la transmission des ordres du chef de corps aux bataillons, compagnies, escadrons ou batteries.

Du piquet.

ART. 84. La partie disponible de la fraction de jour prend le nom de *piquet*. Elle est destinée à fournir les détachements et les gardes qui peuvent être commandés extraordinairement

Le piquet est sous les ordres de l'officier supérieur de jour.

Il est interdit aux hommes de piquet de sortir de leur cantonnement ou bivouac, si ce n'est pour le service.

Le piquet fournit les soldats nécessaires à la réception et au transport des denrées destinées à la fraction de garde. Les officiers, sous-officiers et soldats de piquet sont toujours habillés et équipés; les chevaux sont sellés, les sacs sont prêts à être chargés.

Les appels et inspections du piquet ont lieu : dans l'infanterie, sac au dos; dans la cavalerie, à cheval pendant la nuit et à pied pendant le jour, à moins d'ordres contraires.

Punitions.

ART. 85. Les arrêts sont gardés dans les li-

mites du cantonnement ou du bivouac de la
compagnie, de l'escadron ou de la batterie;
toutefois l'officier puni prend ses repas avec
ses commensaux habituels.

Dans chaque corps, un poste de discipline,
placé sous la surveillance de la garde de police,
remplace les salles de discipline des corps et
reçoit les hommes punis de salle de police ou
de prison.

Les militaires, susceptibles d'être jugés par
un conseil de guerre, sont remis à la gendarmerie pour être conduits à la prison du quartier général.

CHAPITRE V.

Mesures à prendre pour l'ordre et la sécurité dans les cantonnements et bivouacs.

Surveillance à exercer dans les cantonnements et mesures d'ordre.

ART. 86. Dans les cantonnements et bivouacs,
les officiers et les sous-officiers doivent assurer
l'entretien des effets et des armes, la propreté
corporelle, les soins à donner aux chevaux et
au harnachement, la conservation des munitions et des vivres de réserve.

Au cantonnement, ils passent fréquemment
dans les logements, visitent les écuries, s'as-

surent que les hommes sont pourvus de tout ce que l'habitant doit leur fournir, répriment sévèrement toute exigence illégitime, s'attachent à maintenir la bonne intelligence entre les soldats et leurs hôtes, prennent note des réclamations qui paraissent fondées, y font droit ou en rendent compte.

Toute batterie ou sonnerie est interdite dans les cantonnements ou bivouacs, sauf dans le cas d'une alerte, dont le signal est donné par le commandant du cantonnement qui fait battre ou sonner *la générale*.

Au cantonnement comme au bivouac, les troupes doivent être constamment en état de prendre les armes. Le paquetage doit être fait tous les soirs, prêt à être complété et chargé rapidement; les selles et les harnais doivent être disposés de manière à être mis promptement sur les chevaux.

Il est essentiel de ne pas troubler le repos des troupes pendant la nuit, pour la transmission des ordres.

A moins d'ordres contraires, tous les matins à l'heure fixée par le commandement, les compagnies, escadrons ou batteries doivent être réunis, prêts à partir. C'est à ce moment seulement que les ordres pour le départ sont communiqués à la troupe par les chefs de corps. Il n'est fait exception à cette prescription que pour les corps ou fractions de corps qui doivent faire mouvement avant l'heure fixée.

Des sauvegardes.

Art. 87. Les établissements publics ou particuliers tels que : hôpitaux, couvents, moulins, etc., dont il importe, dans l'intérêt de l'armée, d'interdire l'entrée aux troupes d'une manière absolue, reçoivent des sauvegardes.

Les sauvegardes ne peuvent être établies que par les officiers généraux.

Les hommes employés au service des sauvegardes reçoivent un ordre scellé du cachet du général qui les a établies.

Il est aussi donné des sauvegardes écrites ou imprimées, signées du commandant de l'armée, et contresignées du chef d'état-major général et portant le cachet de l'état-major général.

Les sauvegardes de ce genre présentées aux troupes doivent être respectées comme une sentinelle; elles sont numérotées et enregistrées.

Le grand prévôt est chargé de la surveillance et de la police des sauvegardes; elles lui obéissent ainsi qu'aux officiers et aux sous-officiers de gendarmerie.

Sécurité des cantonnements et bivouacs.

Art. 88. Les troupes cantonnées ou bivouaquées stationnent sous la protection des avant-postes établis conformément aux dispositions ordonnées par le commandant supérieur.

Chaque commandant de cantonnement ou bivouac, renseigné sur ces dispositions par le commandement, prend les mesures indiquées ci-après pour compléter la sécurité des troupes sous ses ordres.

Il fait garder par des sentinelles ou postes les issues ou abords immédiats du cantonnement ou bivouac.

Il fait dégager les voies de communication et préparer, au besoin, des débouchés supplémentaires à l'intérieur et à l'extérieur des cantonnements. Il prescrit les travaux de défense qu'il juge nécessaires en raison de la situation militaire.

Il communique aux chefs de corps les dispositions à prendre, en cas d'attaque, pour la défense du cantonnement ou du bivouac.

En pays ennemi, il peut, s'il le juge utile, prendre des otages, interdire aux habitants de dépasser les postes qu'il a fait placer aux issues du cantonnement, et exiger qu'ils restent chez eux à partir d'une heure déterminée. D'une manière générale, il prend les mesures propres à empêcher toute communication entre les habitants et les émissaires de l'ennemi.

Dès l'arrivée au cantonnement, chaque commandant de compagnie ou escadron indique, vers le centre du cantonnement, un point de ralliement que tous les hommes doivent connaître, afin de pouvoir s'y rendre isolément au premier signal, même de nuit.

C'est sur ces points que doivent être faites les réunions pour les départs, les appels, etc.

Le point de ralliement des batteries, trains, etc., est l'endroit où les voitures sont parquées.

Il est désigné, de même, un ou plusieurs points de rassemblement pour la réunion des bataillons, régiments ou groupes de batteries.

Les commandants des grandes unités (divisions, corps d'armée) peuvent désigner, s'ils le jugent nécessaire, à proximité des divers cantonnements ou bivouacs occupés par ces unités, des places d'armes où elles doivent se rassembler en cas d'alerte.

Une place d'armes doit être choisie de telle sorte qu'elle soit couverte par les avant-postes et qu'elle présente des débouchés commodes dans tous les sens.

Les chefs de corps reconnaissent cette place d'armes aussitôt après leur arrivée au cantonnement ou au bivouac.

TITRE VII.

REMPLACEMENT DE MUNITIONS.

—

Dispositions générales.

ART. 89. Aux armées, il est d'une importance capitale de maintenir au complet l'approvisionnement en munitions. Les chefs, à tous les degrés de la hiérarchie, doivent apporter la plus grande vigilance à faire assurer, en temps opportun, le remplacement des munitions consommées.

Sur le champ de bataille, le ravitaillement est toujours assuré de l'arrière à l'avant pour tous les échelons. Les échelons de l'arrière se mettent en rapport avec ceux qui sont en avant.

En dehors du champ de bataille, les opérations du ravitaillement doivent s'effectuer non seulement avec promptitude, mais avec régularité.

Les munitions d'une armée sont réparties en trois échelons principaux, savoir :

A. Les *munitions de la ligne de bataille* comprenant :

Pour l'*infanterie* :

1° Les cartouches portées par les hommes et celles contenues dans les voitures de compagnie ;

2° Les cartouches portées par les sections de munitions d'infanterie.

Pour l'*artillerie* :

1° Les munitions renfermées dans les coffres des batteries ;

2° les munitions portées par les caissons des sections de munitions d'artillerie.

Pour la *cavalerie,* le *génie* et les *divers services des corps d'armée* :

1° Les cartouches portées par les hommes;

2° les cartouches portées par les sections de munitions d'infanterie.

B. Les *munitions des parcs des corps d'armée.*

C. Les *munitions du parc d'armée ou grand parc.*

Bien qu'affectées plus spécialement à une division d'infanterie ou à un groupe de batteries déterminé, les sections de munitions d'infanterie et d'artillerie doivent, sur le champ de bataille et s'il y a urgence, délivrer des munitions à une troupe quelconque placée dans leur voisinage.

De même, le directeur du parc d'un corps

d'armée doit, à moins de raisons majeures, donner satisfaction à toute demande de munitions alors même qu'elle émanerait d'une troupe n'appartenant pas au corps d'armée.

Remplacement des munitions d'infanterie sur la ligne de bataille.

ART. 90. *En station et en marche*, l'approvisionnement individuel (cartouches portées par les hommes) est alimenté, avant tout, au moyen des cartouches retirées aux hommes malades, absents, etc.; on n'a recours aux voitures de compagnie qu'en cas d'insuffisance des ressources précédentes.

Les voitures de compagnie dont le chargement est incomplet sont réapprovisionnées aussitôt que possible par les sections de munitions.

Au combat, l'approvisionnement individuel est tout d'abord *augmenté* au moyen des munitions des voitures de compagnie.

A cet effet, les cartouches portées par les voitures sont distribuées dès qu'un engagement est imminent ou même avant le départ, si l'on est à petite distance de l'ennemi.

Si cette distribution n'a pu, pour un motif quelconque, être faite avant le moment où la troupe est engagée, les voitures de compagnie suivent leur bataillon, réunies par groupes de quatre.

Le chef de bataillon prend alors les mesures

nécessaires pour faire parvenir aux combattants les cartouches de ces voitures.

Les voitures de compagnie ne sont pas ravitaillées pendant le combat par les sections de munitions.

Lorsque les voitures de compagnie ont été vidées, l'approvisionnement individuel est *alimenté* soit au moyen des cartouches qu'on s'efforce de retirer aux hommes tués ou blessés, soit au moyen des ressources fournies par les caissons des sections de munitions.

Le général de division envoie à la section de munitions d'infanterie les ordres nécessaires à cet effet.

A défaut d'ordres, le commandant de la section de munitions envoie des caissons aussitôt qu'un chef de corps l'a informé que ses voitures de compagnie ont été vidées.

Les caissons sont dirigés sur les points de rassemblement des groupes de voitures de compagnie, et de là sur la ligne de feu ou à proximité selon les ordres que leur font parvenir les chefs de corps.

Pour distribuer aux hommes, pendant le combat, les munitions des voitures de compagnie ou des caissons venus des sections de munitions, on profite de toute circonstance favorable, temps d'arrêt dans le combat, ralentissement du feu, etc.

Tout déplacement d'hommes ou de voitures d'avant en arrière, en vue du remplacement des munitions, est interdit sur le champ de bataille. Ce principe s'applique non seulement aux unités des corps de troupe engagés, mais aussi aux groupes des voitures de compagnie et aux sections de munitions.

Les généraux de brigade ou de division peuvent prescrire qu'une ou plusieurs voitures de compagnie encore pourvues de munitions d'un des corps placés sous leurs ordres ravitaillent un autre corps de la brigade ou de la division. Ces voitures se portent à proximité du corps à ravitailler et, une fois leur mission terminée, reviennent à leur régiment.

A défaut d'ordres des officiers généraux, l'ensemble des voitures de compagnie d'un régiment ou le groupe de 4 voitures de compagnie d'un bataillon ne peut céder de munitions à une fraction de troupes étrangère qu'avec l'autorisation du chef de corps ou de bataillon intéressé.

Remplacement des munitions d'artillerie sur la ligne de bataille.

ART. 91. Sur le champ de bataille le groupe de batteries est fractionné en deux portions :

1° *Groupe des batteries de tir,* comprenant les pièces et une partie des caissons de chaque batterie;

2° *Groupe des échelons de combat,* comprenant le reste des caissons de batteries.

Le remplacement des munitions se fait, tout

d'abord, par échange de voitures entre chaque batterie de tir et son échelon de combat.

Les munitions envoyées aux batteries de tir sont ensuite remplacées, aux échelons le combat, par des munitions provenant de la section de munitions.

À cet effet, lorsqu'un échelon de combat dirige des caissons sur la batterie de tir, le commandant du groupe des échelons envoie chercher à la section de munitions un même nombre de caissons.

Lorsque les caissons de la section de munitions arrivent au groupe des échelons de combat, le ravitaillement se fait par transbordement et non par échange de voitures. Les officiers généraux restent juges des cas urgents qui, sur le champ de bataille, peuvent nécessiter une exception à cette règle.

Dispositions spéciales à la cavalerie et aux divers services.

Art. 92. Les corps de cavalerie et les divers services du corps d'armée, lorsqu'ils ont à remplacer une partie de l'approvisionnement porté par les hommes, se ravitaillent en principe aux sections de munitions d'infanterie et éventuellement aux sections de parc.

Les *divisions de cavalerie* doivent être ravitaillées par tout corps d'armée auquel elles demandent des munitions, au même titre que les troupes du corps d'armée lui-même.

Ravitaillement après le combat.

ART. 93. Après le combat, le chargement en cartouches des voitures de compagnie est reconstitué au moyen des caissons des sections de munitions. Si les hommes ont un excédent de cartouches, cet excédent leur est retiré pour être replacé dans les coffres de la voiture de compagnie.

Dès que le commandant de corps d'armée le juge possible, il donne l'ordre de procéder au *ravitaillement général*.

A cet effet, il fixe les points sur lesquels les diverses sections de munitions doivent être dirigées ou réunies pour constituer des centres de ravitaillement.

Chaque unité combattante constitue un détachement d'hommes et de voitures attelées pour aller au ravitaillement.

Ravitaillement en arrière de la ligne de bataille au moyen des parcs de corps d'armée et du grand parc.

ART. 94. Le parc de corps d'armée comprend 4 sections portant des munitions d'infanterie et d'artillerie destinées à remplacer celles des sections de munitions. Il reçoit les ordres du général commandant l'artillerie du corps d'armée.

Le ravitaillement des sections de munitions par le parc de corps d'armée a lieu en général *après le combat.* Toutefois, en cas de besoin, le parc peut être appelé à exécuter ce ravitaillement avant la fin du combat, ou même à ravitailler directement les batteries sur le champ de bataille.

Le grand parc d'artillerie ou parc d'armée est un organe appartenant aux services de l'arrière. Il contient des munitions en caisses blanches destinées au ravitaillement des parcs de corps d'armée.

Il comprend en principe une *division de grand parc* pour chacun des corps d'armée dont l'armée se compose et en outre une réserve de grand parc pour l'entretien du matériel et pour divers approvisionnements spéciaux.

Les approvisionnements du grand parc sont habituellement fractionnés en cinq échelons répartis le long des voies ferrées. Le premier échelon est accompagné d'un équipage de transport permettant de transporter ses munitions sur roues.

Le ravitaillement par le grand parc s'opère, soit au moyen de l'équipage de transport, soit au moyen de voitures de réquisition, soit au moyen des voies ferrées.

TITRE VIII.

ALIMENTATION DES TROUPES
EN CAMPAGNE.

Dispositions générales.

ART. 95. Les généraux, les officiers de tous grades, les fonctionnaires de l'intendance doivent s'occuper avec la plus grande sollicitude d'assurer l'alimentation des hommes et des chevaux.

Les mesures prises à cet effet doivent tendre à la réalisation des conditions ci-après:

Ne jamais entraver la liberté des opérations, éviter les fatigues aux troupes et aux équipages, ménager le plus possible les vivres transportés à la suite des colonnes et ceux des magasins destinés à les renouveler, et réduire au strict minimum le nombre des voitures employées aux ravitaillements.

On doit s'efforcer de vivre le plus possible sur le pays en conservant intacts les vivres portés sur l'homme ou sur le cheval et les réserves roulantes marchant à la suite des troupes.

Lorsque les ressources locales sont insuffisantes, on utilise, autant qu'il est possible, les chemins de fer, les canaux, fleuves ou rivières, pour ravitailler directement les trains régimentaires.

À défaut de ces moyens de transport, on vit sur les convois ravitaillés sur place ou réapprovisionnés par les envois de l'arrière.

Tarif des rations.

ART. 96. La composition des rations (vivres, chauffage, fourrages) et le nombre de rations à allouer à chaque grade sont déterminés par des tarifs arrêtés par le Ministre de la guerre.

La ration de vivres se distingue en *ration normale* et *ration forte de campagne.*

Cette dernière est allouée dans les circonstances imposant aux troupes des fatigues exceptionnelles, ou par les froids rigoureux.

Des suppléments extraordinaires peuvent être ajoutés, dans certains cas, aussi bien à la ration forte qu'à la ration normale.

Le général commandant une armée peut apporter des modifications aux tarifs des rations arrêtées par le Ministre. En principe, c'est lui qui fixe le passage d'une ration à une autre, alloue les suppléments de ration, prescrit toutes substitutions qu'il juge utiles et accorde, en remplacement de vivres, une indemnité représentative dont il fixe le montant sur la proposition de l'intendant de l'armée.

Néanmoins, les généraux commandant les corps d'armée, les divisions de cavalerie et tout officier général commandant une troupe opé-

rant isolément ont les mêmes droits en ce qui
concerne le passage d'une ration à une autre,
les suppléments, les substitutions et l'indemnité représentative, à charge d'en rendre
compte.

Le droit de prescrire des substitutions et d'allouer l'indemnité représentative est aussi accordé aux généraux commandant les divisions
d'infanterie qu'elles opèrent ou non avec les
corps d'armée.

Quand on vit sur le pays, le droit de prescrire des substitutions est accordé à tout officier, chef de corps ou de détachement.

Vivres des différentes catégories.

ART. 97. Les approvisionnements emportés
par les troupes en campagne comprennent
quatre catégories :

1° Les *vivres du sac* ou *de réserve* emportés
par les hommes, qui ne doivent être consommés que sur l'ordre du commandement et lorsque tout autre mode d'alimentation est impossible;

2° Les *vivres de débarquement*, également
emportés par les hommes, et destinés à être
consommés à l'arrivée sur la base de concentration;

3° Les *vivres régimentaires* portés par les trains
régimentaires de chaque corps de troupe et
destinés, en principe, à assurer chaque jour la
distribution aux hommes et aux chevaux;

4° Les vivres portés par les *convois adminis-tratifs* des divisions ou du quartier général de chaque corps d'armée. Ces convois constituent soit une réserve roulante, soit un organe de ravitaillement pour les trains régimentaires.

A chacun d'eux est attaché un *troupeau de ravitaillement*.

Personnel chargé de l'exécution du service.

ART. 98. Le service des subsistances est exécuté sous les ordres des fonctionnaires de l'intendance, par les officiers d'administration des subsistances.

En outre, dans chaque corps de troupe, détachement, groupe ou service, un officier d'approvisionnement est chargé d'assurer directement les distributions journalières aux unités ou parties prenantes de ce corps, détachement, groupe ou service; cet officier contribue à l'exploitation des ressources locales sous l'impulsion du commandement et des fonctionnaires de l'intendance.

Alimentation pendant les mouvements de concentration.

ART. 99. Les troupes dirigées sur la base de concentration par les voies ferrées, reçoivent des aliments dans les stations haltes-repas.

9.

A leur départ, elles emportent les rations de pain, d'avoine et de foin nécessaires pour le trajet.

A leur arrivée, elles doivent avoir au complet les vivres de débarquement.

Les troupes faisant mouvement par voie de terre reçoivent des aliments prélevés sur les vivres portés par les voitures qui les accompagnent (vivres de débarquement et vivres régimentaires).

Le service de l'intendance du territoire, ou, à son défaut, les commandants de détachement, sont chargés de pourvoir, dans les gîtes d'étapes, au renouvellement des vivres consommés en cours de route, de manière qu'en arrivant sur la base de concentration les vivres dont les troupes doivent être pourvues (y compris les vivres de débarquement) soient au complet réglementaire.

Alimentation pendant la période des opérations actives.

ART. 100. Le service de l'alimentation pendant la période des opérations actives exige deux sortes d'opérations :

1° La distribution aux parties prenantes collectives ou isolées;

2° Le ravitaillement des trains et convois.

Distributions. — En principe, les vivres sont distribués chaque soir, savoir :

Le pain, les petits vivres, l'avoine pour toute
la journée du lendemain;

La viande, le foin, la paille, le combustible,
pour la soirée et la matinée du lendemain;

La paille de couchage pour le jour même.

La partie de la ration non consommée avant
le départ est emportée.

La viande fraîche, abattue la veille au soir,
dans la nuit ou dans la matinée du départ,
selon l'état de la température, est portée sur
des voitures spéciales, marchant à la suite immédiate des troupes avec leur train de combat.

Ces vivres de consommation journalière sont
dits *vivres du jour*.

Les distributions sont faites, autant que possible, au moyen des vivres portés par les trains
régimentaires.

Les denrées qui ne font pas partie des approvisionnements portés par les trains régimentaires (combustible, foin, paille, viande fraîche)
sont achetées ou requises sur place par les officiers d'approvisionnement, ou les services
administratifs, selon que les uns ou les autres
sont chargés de l'exploitation locale. Si les ressources locales en viande fraîche sont insuffisantes, on a recours au troupeau de ravitaillement, qui est lui-même recomplété par le parc
de bétail de corps d'armée.

Les chefs de corps ou service fixent les emplacements et heures des distributions. L'officier
d'approvisionnement conduit ses voitures ou
fait réunir les denrées à l'endroit désigné. Il
remet à chaque compagnie, escadron ou bat-

terie le nombre de rations qui lui revient. L'officier de jour préside à la distribution.

La distribution est faite dans les compagnies, escadrons ou batteries par les fourriers, sous la responsabilité du capitaine. Cet officier s'assure que les hommes de service ou régulièrement absents reçoivent ce qui leur revient.

En ce qui concerne les parties prenantes isolées, l'officier d'approvisionnement a les mêmes attributions que les commandants de compagnie, escadron ou batterie.

Tout officier momentanément éloigné par ses fonctions de la fraction dont il fait partie perçoit ses vivres et fourrages à la fraction auprès de laquelle il se trouve.

Ravitaillement des trains régimentaires. — Les trains régimentaires sont ravitaillés dans la plus large mesure, au moyen des achats ou réquisitions opérés sur place par les officiers d'approvisionnement ; à défaut de ressources locales, on a recours aux magasins de l'arrière, dont les approvisionnements sont amenés par voie de fer ou d'eau en des *points de débarquement de vivres,* à proximité des cantonnements. Les trains régimentaires viennent s'y ravitailler aux heures fixées par le commandement.

Lorsque aucun de ces deux procédés n'est applicable, le ravitaillement des trains régimentaires se fait au moyen des vivres des convois administratifs. L'ordre journalier indique l'heure du ravitaillement et les *centres de ravitaillement* (généralement trois par corps d'armée) où s'opérera le contact entre les voitures vides des trains régimentaires et les sections de ravitaillement des convois administratifs.

Quel que soit le mode de ravitaillement, les mouvements des trains régimentaires et convois doivent être réglés par le commandement avec le plus grand soin.

Chaque corps ou service est représenté au ravitaillement de son train régimentaire par son officier d'approvisionnement.

Un officier du service d'état-major et un fonctionnaire de l'intendance assistent, autant que possible, au ravitaillement des trains régimentaires. Ils ont pour mission de s'assurer de la qualité des denrées, d'entendre les réclamations des corps et d'y faire droit s'il y a lieu. L'officier d'état-major préside aux opérations du ravitaillement et assure l'exécution des ordres du commandement.

Ravitaillement des convois. Le ravitaillement des convois administratifs est assuré au moyen des ressources locales non utilisées pour les trains régimentaires ou au moyen des approvisionnements de l'arrière.

Nourriture chez l'habitant.

ART. 101. Le général commandant une armée et les commandants de corps d'armée peuvent faire nourrir les hommes et les chevaux par les habitants, soit à charge de remboursement ultérieur, soit gratuitement, si l'on est en pays ennemi.

La nourriture est demandée par demi-journée ou par journée entière, sous forme de réquisitions ou par voie de conventions amiables.

La composition des repas pour la troupe et pour les officiers, ainsi que le prix de remboursement, s'il y a lieu. sont fixés par l'autorité militaire.

Les officiers et les soldats doivent se contenter de la table de leur hôte, s'il leur est offert une nourriture qui équivaut, en tenant compte des habitudes locales, à la ration réglementaire.

Le droit de prescrire la nourriture chez l'habitant peut être délégué aux chefs de corps ou de détachement opérant isolément.

La nourriture chez l'habitant peut être aussi ordonnée directement par les commandants de cantonnement, si le temps leur manque pour provoquer et recevoir en temps utile les ordres de l'autorité qui a qualité pour les donner.

Enfin, ce procédé d'alimentation doit être normalement employé par les petits détachements (isolés, postes de correspondance, estafettes, vélocipédistes, télégraphistes).

Ceux-ci reçoivent, à cet effet, des ordres de réquisitions et des reçus tirés d'un carnet à souche et signés à l'avance.

Dispositions spéciales à la cavalerie.

Art. 102. La cavalerie, surtout quand elle opère en avant des colonnes, doit, plus que toute autre troupe, vivre sur le pays. Elle ne porte pas de vivres de jour ; les distributions sont faites, à l'arrivée au cantonnement, pour la soirée et la matinée du lendemain.

Dans une division de cavalerie les voitures de vivres des trains régimentaires peuvent, sur l'ordre du général, ou être laissées à la disposition des corps dans les mêmes conditions que pour les autres troupes, ou être réunies en un seul groupe formant le convoi de réserve de la division.

Lorsque les divisions de cavalerie rentrent dans les lignes de l'armée, leur alimentation est assurée par les mêmes procédés que pour les autres troupes. Dans le cas exceptionnel où cette situation devrait se prolonger, il leur est attribué au besoin un convoi administratif formé de voitures de réquisition. Ce convoi est licencié dès que la division se porte en avant.

TITRE IX.

RÉQUISITIONS.

Des réquisitions proprement dites.

Art. 103. Les généraux ont autorité pour imposer par voie de réquisition aux populations l'obligation de fournir les denrées, matières, logements, moyens de transport et, d'une manière générale, tous les objets ou services nécessaires aux besoins de l'armée. Ils peuvent déléguer le droit de requérir aux fonctionnaires de l'intendance et aux commandants des corps de troupe ou des détachements.

Aucune réquisition ne peut être exécutée qu'en vertu d'un ordre écrit et signé, émanant d'une autorité militaire ayant qualité pour requérir. Toute autorité militaire qui ordonne une réquisition a l'obligation de donner reçu des prestations fournies.

Le commandement, à tous les degrés de la hiérarchie, a le devoir d'assurer le maintien de l'ordre et de la discipline dans l'exécution des réquisitions. Tout abus d'autorité et tout acte de pillage doivent être punis avec la dernière rigueur.

Le commandant en chef assigne à chaque armée la zone dans laquelle elle aura le droit d'exercer des réquisitions; chaque commandant d'armée opère de même pour les corps d'armée sous ses ordres, et chaque commandant de corps d'armée pour ses divisions. Les zones de réquisition se confondent en principe avec les zones de marche et de stationnement.

En général, dans chaque corps d'armée ou division, les généraux confient aux fonctionnaires de l'intendance le soin de requérir les approvisionnements généraux nécessaires à l'ensemble des corps de troupe et services. Les corps de troupe n'exercent directement le droit de réquisition que pour la satisfaction de leurs besoins urgents et journaliers.

Quand plusieurs corps de troupe sont réunis dans un même cantonnement, les ordres de réquisition sont transmis par l'intermédiaire du commandant du cantonnement.

En toutes circonstances, les autorités militaires qui ont qualité pour requérir ne doivent pas perdre de vue qu'il est avantageux, pour retenir ou attirer les ressources, de ne recourir à la réquisition qu'à défaut de tous autres moyens, tels que les achats directs ou les conventions amiables.

Les ordres de réquisitions sont adressés par l'autorité militaire aux municipalités, ou, à leur défaut, aux notabilités locales.

Les ordres et reçus de réquisition doivent toujours mentionner l'espèce, la qualité et, s'il y a lieu, la durée des prestations fournies.

Les ordres et reçus sont détachés de carnets à souches, dont doivent être pourvus les officiers chargés des réquisitions.

Exceptionnellement, tout commandant de troupe ou chef de détachement opérant isolément peut, même sans être porteur d'un carnet de réquisition, requérir les prestations nécessaires aux besoins de sa troupe; mais il a l'obligation d'en rendre compte par la voie hiérarchique au commandant du corps d'armée.

Si les autorités locales refusent de déférer aux ordres de réquisition, l'autorité militaire a recours à la force pour saisir les denrées ou matières dont elle a besoin. Les ordres les plus sévères sont donnés pour que les saisies soient exactement limitées aux prestations nécessaires, et les détachements chargés de leur exécution sont, autant que possible, commandés par des officiers.

D'une manière générale, les principes et règles exposés ci-dessus sont applicables en pays ennemi, comme sur le territoire national.

Des contributions en argent.

ART. 104. Dans certaines circonstances, il peut

être nécessaire, en *pays ennemi*, de remplacer la *réquisition* des prestations en *nature* par des *contributions en argent*.

Ces contributions ne peuvent être ordonnées que par le commandant en chef.

TITRE X.

DES DÉTACHEMENTS.

Constitution des détachements.

ART. 105. Le commandement peut constituer, pour l'exécution de certaines missions spéciales de durée limitée, des détachements destinés à opérer isolément.

La composition et la force de ces détachements sont fixées en raison de la mission qu'ils ont à remplir, des difficultés qu'ils peuvent avoir à surmonter, de l'espace qu'ils ont à parcourir et du temps présumé de la mission.

Ces détachements peuvent être composés de fractions des différentes armes associées dans la proportion qui convient pour la mission à remplir; ils peuvent aussi être composés de tout ou partie d'un même corps de troupe.

Les fractions qui entrent dans la composition des détachements sont toujours des fractions constituées, telles que régiments, bataillons, compagnies, escadrons, batteries, pelotons, sections, etc.

Pour fournir les détachements il est établi, dans chaque corps de troupe, un tour de ser-

vice entre les bataillons, escadrons, compagnies,
batteries.

Commandement des détachements.

ART. 106. Le commandant d'un détachement
est toujours désigné par l'autorité qui ordonne
la formation du détachement.

Un détachement composé de fractions prises
dans différents corps de troupe doit, autant que
possible, être commandé par un officier supérieur en grade aux officiers de ces fractions.

Les commandants de détachement ont la
même autorité que les chefs de corps, pour la
police, la discipline et le service des troupes
sous leurs ordres. Les plaintes en cassation
passent toujours par le chef de corps.

Préparation des opérations.

ART. 107. L'autorité qui prescrit la formation
d'un détachement donne au chef qui le commande des instructions très précises et, autant
que possible, écrites, sur la mission qu'il doit
remplir; elle lui fournit des guides s'il y a lieu.
Pour le choix de ces guides, on s'adresse de
préférence aux hommes que leur profession met
le plus à même de connaitre le pays, tels que :
chasseurs, colporteurs, forestiers, etc. Il est
prudent d'en prendre plusieurs, de les ques-
tionner séparément et de les confronter ensuite

si les renseignements qu'ils donnent diffèrent les uns des autres.

Le chef du détachement étudie à l'avance, d'après les instructions qu'il a reçues, l'opération qui lui est confiée et en prépare l'exécution par tous les moyens dont il dispose. Il communique avant le départ, à celui qui aurait le commandement après lui, les ordres, instructions et renseignements qu'il a reçus ou recueillis.

A la rentrée du détachement le commandant rend compte à l'autorité qui a ordonné la formation du détachement.

Conduite des détachements.

ART. 108. Un détachement peut avoir pour objet d'attirer l'ennemi dans une direction déterminée, de l'amener sur un terrain où on puisse le combattre avec avantage, d'inquiéter ou de détruire ses communications, d'enlever ses postes, ses magasins ou convois, d'opérer des réquisitions à main armée, de faire des destructions, etc.

La conduite de ces détachements, tout en restant subordonnée aux principes généraux des titres *Sûreté, Marches, Cantonnements,* dépend dans chaque cas particulier de la nature de la mission à remplir.

Lorsque l'opération comporte une surprise, la première condition pour le succès est d'en assurer le secret.

Pendant la marche, le commandant du détachement prend toutes les précautions nécessaires pour dérober sa présence à l'ennemi. Il se détourne des villes, des villages et des grandes routes. Forcé de traverser des lieux habités, il les fait fouiller avec soin; obligé d'y prendre des vivres et des fourrages, il se les fait apporter au dehors, et les commande souvent pour un nombre d'hommes et de chevaux supérieur à celui de sa troupe; contraint d'y séjourner il envoie des espions, et, s'il en est besoin, il prend en otage les notables du lieu; il charge spécialement des postes et vedettes d'empêcher les habitants de communiquer au dehors.

Lorsqu'il doit combattre, il confie à chaque fraction de sa troupe une mission spéciale, par exemple enlever les petits postes ou sentinelles couper les traits des attelages, délivrer les prisonniers, etc. Il désigne un point de ralliement et une ligne de retraite que tous les hommes doivent connaître.

Pour l'attaque, il agit soudainement et avec la dernière énergie, gardant toujours une réserve compacte qui reste prête à faire face à toute éventualité.

La retraite est ordonnée dès que le résultat est obtenu.

Pour surprendre un cantonnement, le détachement est divisé en plusieurs fractions dont l'action est combinée de telle sorte que l'attaque ait lieu sur plusieurs points à la fois.

Tandis qu'une partie du détachement est

chargée du mouvement offensif, une autre occupe les issues; la réserve se tient en dehors de
la localité, prête à agir.

Pour surprendre une troupe en marche, on
choisit un terrain où l'ennemi éprouverait des
difficultés à se déployer, par exemple un défilé
dans lequel on aurait laissé s'engager une partie de la colonne.

L'attaque d'un convoi a lieu de préférence
dans les haltes, lorsqu'il commence à parquer,
quand les attelages sont à l'abreuvoir, lorsque
le convoi se trouve au passage d'un bois, d'un
défilé, d'un pont, dans une sinuosité de route
ou dans une montée difficile.

Une partie du détachement attaque le gros
de l'escorte ennemie, une autre les voitures,
une troisième est en réserve.

Dans la fraction chargée de l'attaque des voitures, des hommes se dispersent sur les côtés
de la route et cherchent à couper les traits;
d'autres se dirigent sur les premières et dernières voitures du convoi pour les mettre en travers de la route et empêcher ainsi le convoi
d'avancer ou de rétrograder.

Si le convoi est parqué, le gros du détachement manœuvre pour éloigner l'escorte du
parc; si le convoi est considérable, on dirige
l'attaque sur plusieurs points à la fois, de manière à forcer l'escorte à se morceler.

Le commandant d'un détachement qui a pour mission d'exécuter en pays ennemi une réquisition, un fourrage, une destruction, dès qu'il est arrivé à destination, partage sa troupe en deux parties.

L'une, la plus faible, reste aux abords immédiats de la localité, en occupe les issues et exécute l'opération. L'autre, la plus considérable, est chargée de la sûreté et se porte dans la direction de l'ennemi, une fraction observant, l'autre servant de soutien.

En cas d'attaque de l'ennemi, la partie du détachement chargée de protéger l'opération s'oppose à son action, et, s'il n'est pas possible de repousser l'ennemi, couvre la retraite, de manière à permettre le ralliement du reste de la troupe.

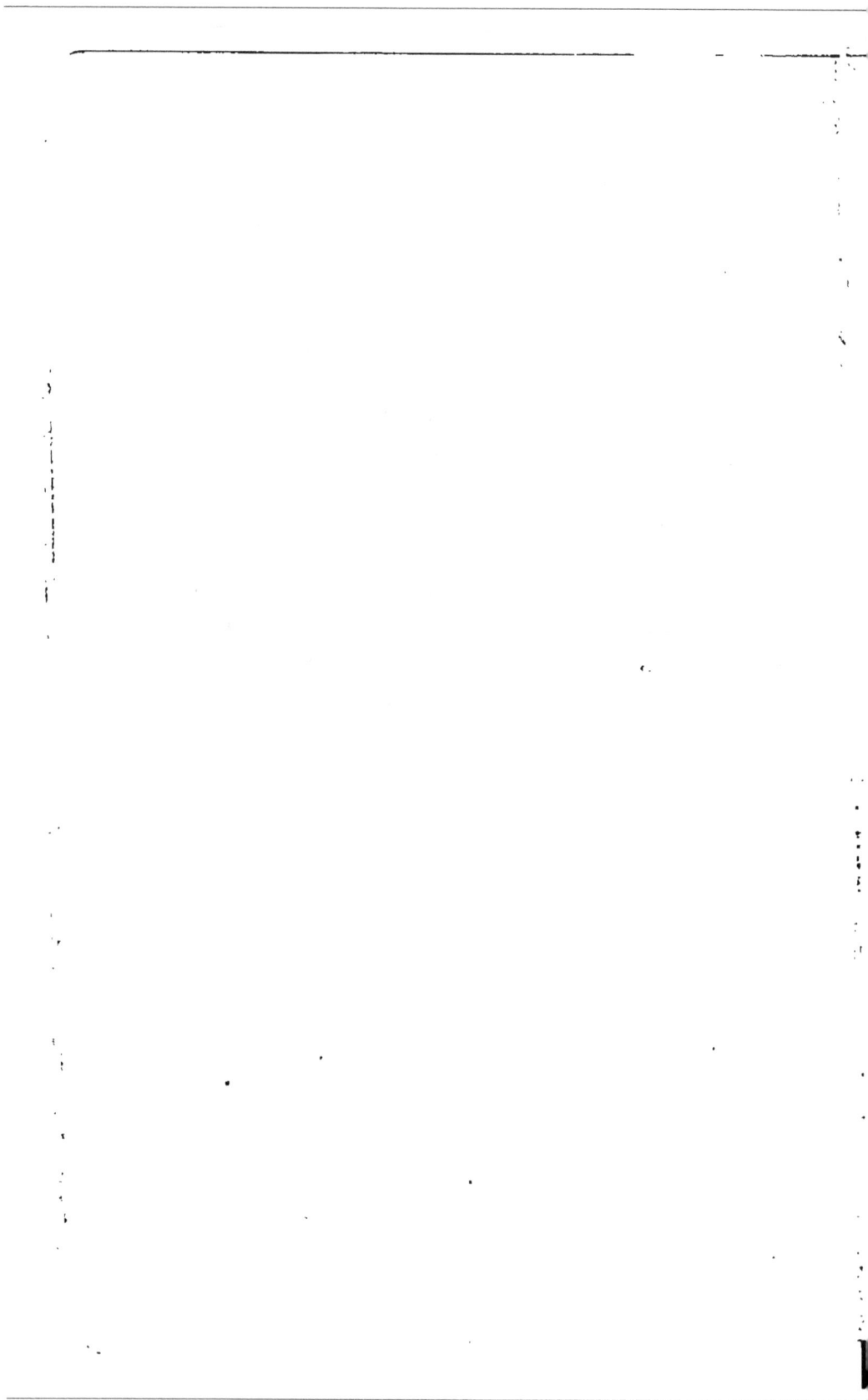

TITRE XI.

RECONNAISSANCES.

Objet et composition des reconnaissances.

ART. 110. Toute opération ayant pour but de découvrir ou de vérifier un ou plusieurs points relatifs, soit à la position et aux mouvements de l'ennemi, soit à la topographie et aux ressources du théâtre de la guerre, est une reconnaissance.

Les reconnaissances confiées à la cavalerie d'exploration ou de sûreté et aux troupes d'avant-postes sont exécutées conformément aux prescriptions des titres *Exploration* et *Sûreté*.

Indépendamment de ces reconnaissances, le commandement fait exécuter, toutes les fois qu'il le juge nécessaire, par des troupes spécialement désignées à cet effet, des reconnaissances ayant pour objet :

D'apprécier les distances, l'état des chemins et les travaux qu'ils exigent, la configuration du terrain et les facilités ou les obstacles qu'il présente, afin de régler en conséquence la marche des colonnes et des différentes armes;

D'explorer, dans toutes leurs parties les positions à occuper successivement soit pour appuyer les attaques, soit pour se maintenir en cas de résistance ou d'offensive de la part de l'ennemi, soit pour assurer la retraite;

De reconnaître l'emplacement et la force des postes principaux ou retranchés de l'ennemi, la configuration de ses positions. les défenses qu'il peut y avoir établies, la difficulté ou les moyens de les aborder;

Enfin d'évaluer, autant que possible, les forces de l'ennemi sur chaque point, etc.

Les reconnaissances sont exécutées par des officiers accompagnés de quelques cavaliers ou de détachements dont la composition dépend du but à atteindre, de la nature du pays et de la distance de l'ennemi. Suivant les circonstances ces détachements comprennent des troupes d'infanterie. des troupes de cavalerie ou des troupes de toutes armes.

Conduite d'une reconnaissance.

ART. 111. L'officier qui commande une reconnaissance reçoit avant son départ, de l'autorité qui l'envoie, une instruction précisant nettement les renseignements à obtenir et contenant des indications aussi complètes que possible sur la destination à donner aux comptes rendus à fournir. Il communique cette instruction au général de brigade dont les avant-postes doivent être dépassés. Cet officier général y ajoute les indications qu'une connaissance particulière des dispositions de l'ennemi et des localités peut le mettre à même de donner.

Avant de se mettre en route, le commandant du détachement étudie sur la carte son itinéraire et le terrain à parcourir, se rend compte des moyens (routes, voies ferrées, postes, télégraphes, etc.) qui pourront lui servir pour la transmission en temps utile des renseignements.

En général, un détachement en reconnaissance, surtout s'il est de faible effectif, marche groupé en se couvrant par des éclaireurs à distance convenable et cherche à passer inaperçu, tout en se gardant contre toute surprise.

Il peut être avantageux d'arriver la nuit devant l'objectif à atteindre de manière à l'examiner à la pointe du jour, avant que l'ennemi ait pu être averti de la présence du détachement.

Les reconnaissances ne doivent s'engager dans les villages, vallées, ravins, gorges ou bois, qu'après que les éclaireurs les ont exactement fouillés, qu'ils ont recueilli les renseignements nécessaires, et qu'ils ont pris au besoin des otages parmi les habitants.

Le commandant d'une reconnaissance doit noter les points les plus importants du terrain, ceux surtout qui peuvent lui être utiles en cas de retraite.

Souvent, afin de faire perdre à l'ennemi sa

trace, il évite de suivre, au retour, le chemin par lequel il est parti.

Une troupe en reconnaissance n'attaque que pour mieux voir. Si elle rencontre l'ennemi, elle doit l'observer sans se laisser apercevoir. Si le commandant de la reconnaissance est obligé de combattre, il attaque vivement l'ennemi sans lui donner le temps de reconnaître sa troupe ni d'en apprécier la force ; il rompt le combat dès qu'il a atteint le but qu'il poursuivait.

Transmission des renseignements.

ART. 112. L'officier chargé de diriger une reconnaissance se sert, pour la transmission des renseignements, de tous les moyens de communication dont il peut disposer (postes, télégraphes, estafettes en voiture, en chemin de fer, en vélocipède, etc.), de manière à ménager le plus possible ses ressources en hommes et en chevaux.

Rapports.

ART. 113. Le chef de toute reconnaissance rend compte de sa mission par un rapport écrit. Le style doit en être clair, simple, précis. Le rapport doit contenir l'indication précise des lieux, dates et heures où les faits relatés se sont passés. L'officier qui le fait y distingue expressément ce qu'il a vu lui-même des récits dont il n'a pu vérifier personnellement l'exactitude.

Reconnaissances offensives.

Art. 114. Il peut être nécessaire pour apprécier les forces, l'emplacement et les projets de l'ennemi de l'obliger à se déployer en l'attaquant sur des points déterminés.

Ces opérations, désignées sous le nom de *reconnaissances offensives*, sont du domaine du combat et préludent le plus souvent à la bataille.

Les commandants d'armée peuvent seuls les ordonner.

Elles ne sont permises aux officiers généraux que dans le cas où ils agissent isolément et hors de tout concours, ou enfin dans les cas urgents où l'on ne doit pas hésiter à engager sa responsabilité.

TITRE XII.

DES CONVOIS
ET DE LEURS ESCORTES.

———

Objet des convois
et composition de leur escorte.

ART. 115. Les convois sont de différentes sortes; ils ont pour objet le transport des munitions de guerre, de l'argent, des subsistances, des effets d'habillement et d'armement, des malades, des prisonniers, etc.

La force et la composition de l'escorte d'un convoi doivent être calculées d'après la nature du convoi, son importance, les dangers qu'il peut avoir à courir, la nature du pays à traverser, la longueur du trajet, etc.

Autant que possible, le détachement d'escorte doit comprendre des cavaliers en nombre suffisant pour éclairer la marche à distance convenable. On doit en outre s'assurer du personnel et du matériel nécessaires pour parer aux accidents de route.

Commandement des convois.

ART. 116. L'officier commandant l'escorte d'un convoi a pleine autorité sur les troupes de toutes armes qui le composent, ainsi que sur les agents et voituriers civils.

Si le convoi ne se compose que de munitions de guerre, le commandement en appartient à l'officier d'artillerie, pourvu qu'il soit d'un grade supérieur ou même égal à celui du commandant de l'escorte. Dans tous les cas le commandant défère, autant que la défense du convoi lui paraît le permettre, aux demandes de l'officier d'artillerie en ce qui concerne les heures de départ. les haltes, la manière de parquer les voitures, l'ordre à y maintenir et les sentinelles à placer pour les garantir d'accident.

Le commandant de l'escorte d'un convoi défère aussi, dans la limite du possible, aux observations des officiers d'artillerie et du génie s'il s'agit de convois de matériel de leur arme, et à celles des fonctionnaires de l'intendance ou des médecins, dans le cas où il s'agit de convois de subsistances, ou de convois de blessés et de malades.

Les officiers étrangers à l'escorte qui marchent avec le convoi ne peuvent, quel que soit leur grade, y exercer aucune autorité sans l'assentiment du commandant.

Ce dernier dispose, dans l'intérêt du service, de tous les militaires présents qui lui sont égaux ou inférieurs en grade.

Division du convoi.

ART. 117. Quand un convoi est considérable, il est essentiel de le partager en plusieurs divisions. Une garde spéciale est affectée à chacune d'elles, et s'il y a dans le convoi des voitures de réquisition, des soldats sont répartis de distance en distance pour surveiller les conducteurs.

Les munitions de guerre sont habituellement en tête du convoi; les voitures portant des subsistances marchent ensuite, puis viennent celles qui sont chargées d'effets militaires.

Toutes ces dispositions sont subordonnées aux projets présumés de l'ennemi; les voitures dont la conservation importe le plus à l'armée doivent toujours marcher dans l'ordre le plus propre à les préserver du danger.

Dispositions pour la marche.

ART. 118. L'escorte et la marche d'un convoi sont réglés en raison de la proximité de l'ennemi, de la force et de l'espèce des troupes respectives, de la nature des lieux et de l'état des chemins.

Le commandant du convoi se fait donner sur ces différents objets des renseignements très détaillés, dont il vérifie l'exactitude par tous les moyens dont il dispose.

Le commandant du convoi affecte une fraction de l'escorte à la garde des voitures.

Il dispose du reste de l'escorte pour couvrir la marche du convoi.

A cet effet il consitue une avant-garde, une arrière-garde et, s'il y a lieu, des flanc-gardes qui, d'une manière générale, se conforment aux règles prescrites pour la sûreté des colonnes en marche.

Il concentre le gros de l'escorte sous ses ordres directs au point le plus important, soit à la tête, soit à la queue du convoi, soit sur l'un des flancs, suivant que l'une ou l'autre direction est plus ou moins exposée aux attaques de l'ennemi.

Haltes. Parcs.

ART. 119. Les convois se conforment aux prescriptions réglementaires en ce qui concerne les haltes horaires; il n'est fait que très rarement des grand'haltes, et seulement dans des lieux reconnus à l'avance et favorables à la défense du convoi.

Pour la nuit, on adopte pour le cantonnement ou bivouac une localité qui permette à l'escorte de mettre le parc à l'abri d'une surprise et de se défendre avec avantage contre les attaques de l'ennemi.

L'emplacement du parc est choisi de manière qu'on puisse atteler et rompre avec ordre. Les voitures sont habituellement placées sur plusieurs rangs, les timons dans une même direction; on laisse entre chaque rang une rue assez large pour que les chevaux puissent circuler aisément.

Si le convoi doit bivouaquer et qu'on craigne une attaque, le parc est formé en carré, les roues de derrière tournées vers l'extérieur.

Défense d'un convoi en marche.

Art. 120. En marche, lorsque, par suite d'une attaque imprévue, le convoi est dans l'impossibilité de continuer sa route, le commandant le fait parquer. Le parc est formé hors de la route en carré, dans l'ordre indiqué au paragraphe précédent. S'il n'est pas possible de sortir de la route, les voitures doublent les files ou occupent les deux côtés de la route; chaque voiture serre sur les précédentes le plus possible, le timon placé en dedans de la route et obliquement; les conducteurs mettent pied à terre et se placent à la tête de leurs chevaux.

Lorsque après une défense opiniâtre l'escorte est impuissante à sauver tout ou partie du convoi, le commandant y fait mettre le feu, puis il tente, par une action vigoureuse, de se frayer un passage et d'emmener les chevaux d'attelage; il les tue plutôt que de les abandonner à l'ennemi.

Convois de prisonniers.

Art. 121. L'escorte des prisonniers de guerre exige une vigilance spéciale et beaucoup de prudence et de fermeté.

L'officier chargé de conduire des prisonniers de guerre les place en colonne, en faisant devancer, suivre et flanquer cette colonne qui marche en ordre serré. Il défend toute conversation entre les hommes de l'escorte et les pri-

sonniers, et empêche ces derniers de communiquer avec les habitants.

Au départ, l'escorte charge ses armes en présence des prisonniers, qui sont prévenus que
toute tentative de résistance sera réprimée avec
la dernière sévérité.

Pour cantonner, on choisit des localités contenant de grands bâtiments où les prisonniers
puissent être facilement gardés et qui sont toujours éclairés. Une porte seule reste ouverte et
une garde y est établie.

Si le convoi est attaqué en marche et qu'on
soit obligé de s'arrêter pour résister à l'ennemi, on ordonne aux prisonniers de se tenir cou-
chés; la partie de l'escorte chargée de leur
garde immédiate reste près d'eux et fait feu sur
quiconque se relève avant d'en avoir reçu l'ordre; le reste de l'escorte manœuvre pour repousser l'ennemi.

TITRE XIII.

SERVICE DE LA GENDARMERIE AUX ARMÉES.

___

Attributions générales.

ART. 122. La gendarmerie aux armées est chargée :

1° De la recherche et de la constatation des crimes, délits et contraventions, de la poursuite et de l'arrestation des coupables ;

2° De la police et du maintien de l'ordre dans la zone occupée par les troupes ;

3° De la surveillance des individus non militaires, qui suivent l'armée ;

4° Du groupement, de la direction et de la police des trains régimentaires.

Les gendarmes ne relèvent que de leurs chefs directs, ainsi que des généraux et chefs d'état-major, près desquels ils sont placés. Ils ne peuvent être punis que par eux.

Organisation de la gendarmerie aux armées. Prévôté. Force publique. Vaguemestres.

ART. 123. Les détachements de gendarmerie

attachés au diverses unités, prennent, suivant le cas, le nom de *prévôté* ou de *force publique*.

Le commandant de la gendarmerie d'une armée est appelé *grand prévôt*.

Le commandant de la gendarmerie du quartier général d'un groupe d'armées, celui d'un corps d'armée ou d'une direction d'étapes, est appelé *prévôt*.

Les commandants de la gendarmerie affectée aux unités ci-après : division d'infanterie, division de cavalerie, brigade de cavalerie de corps d'armée, brigade opérant isolément, commandement d'étapes, prennent le titre de *commandant de la force publique*, suivi de la désignation de l'unité à laquelle ils sont attachés.

Dans chaque quartier général de corps d'armée, un officier de gendarmerie, qui porte le titre de *vaguemestre*, est chargé de réunir et de former le train régimentaire, d'après les ordres du chef d'état-major, et d'en assurer la police et la direction.

Dans une division, c'est le commandant de la force publique qui remplit les fonctions de vaguemestre.

L'officier vaguemestre d'une division a toujours, à grade égal, le commandement des trains régimentaires de la division sur les officiers d'approvisionnement des corps.

Prisons.

ART. 124. Des prisons destinées à recevoir les militaires de tout grade, les gens sans aveu ou suspects, etc., sont établies dans les quartiers généraux, par les soins des prévôts ou des commandants de la force publique. Elles sont sous l'autorité de ces officiers et sous la surveillance des commandants des quartiers généraux.

Recherche des crimes et délits.

Art. 125. Les attributions du grand prévôt embrassent tout ce qui est relatif aux crimes, délits et contraventions commis dans l'arrondissement de l'armée. Son devoir est surtout de protéger les habitants du pays contre le pillage ou toute autre violence.

Les prévôts et les commandants de la force publique ont les mêmes attributions, dans l'arrondissement de l'unité à laquelle ils sont affectés.

Tout militaire ou employé à l'armée, qui a connaissance d'un crime ou délit, doit en donner sur le champ avis à un officier de gendarmerie ou à tout autre militaire de cette arme; il est tenu de répondre catégoriquement aux questions qui lui sont adressées par eux.

Dès qu'ils ont connaissance d'un crime ou délit, le grand prévôt, le prévôt, ou les militaires de la gendarmerie ayant qualité d'officier de police judiciaire, commencent les informations nécessaires, conformément aux prescriptions du Code de justice militaire.

Les officiers de gendarmerie font procéder à la recherche et à l'arrestation des prévenus et les font conduire devant le général commandant la fraction de l'armée à laquelle ils appartiennent, à moins que l'infraction ne soit de leur compétence.

Surveillance à l'égard des individus non militaires.

ART. 120. D'une manière générale, la gendarmerie est chargée d'exercer une surveillance étroite sur tous les individus non militaires, tels que marchands, vivandiers, domestiques, etc., qui suivent l'armée.

Les prévôts et commandants de la force publique sont chargés de recevoir et d'examiner les demandes des personnes qui désirent exercer une profession quelconque à la suite de l'armée.

Ils accordent des permissions et délivrent des patentes à celles qui justifient de leur bonne conduite et qui offrent toutes les garanties pour le genre d'industrie auquel elles veulent se livrer.

Le grand prévôt et les prévôts n'accordent de patentes que pour les quartiers généraux auxquels ils sont attachés. Ces patentes sont visées par le chef d'état-major, qui les fait inscrire sur un registre.

Les commandants de la force publique des divisions ou brigades délivrent des patentes pour les unités auxquelles ils sont attachés ; ils les font viser par le chef d'état-major de leur unité, s'il y a lieu, et par le prévôt du corps d'armée dont dépend cette unité.

Indépendamment de leurs patentes, les marchands autorisés et les vivandiers reçoivent une plaque portant l'exergue : *marchand* ou *vivandier*, et le numéro de leur patente.

Ils sont tenus de porter cette plaque d'une manière ostensible et d'en avoir à leur voiture une autre portant leur nom, le numéro de leur patente et l'indication de la fraction qu'ils sont autorisés à suivre.

Les cantinières des corps de troupe reçoivent leurs patentes du conseil d'administration et sont tenues de les faire viser par le commandant de la force publique de la division ou du détachement.

Les domestiques des officiers, des employés de l'armée, des vivandiers et des marchands autorisés, sont tenus d'avoir une attestation de la personne qui les emploie indiquant qu'ils sont à son service. Cette attestation est visée dans les corps par les colonels, dans les états-majors et les services par les prévôts. Les domestiques la présentent toutes les fois qu'ils en sont requis par la gendarmerie.

Ils doivent en outre porter d'une manière ostensible, une plaque, un brassard ou un insigne cousu sur la manche indiquant leur nom et celui de la personne près de laquelle ils sont employés.

Attributions de la gendarmerie à l'égard des militaires.

ART. 127. Les officiers et les hommes de troupe

sont tenus de déférer aux réquisitions de la
gendarmerie, lorsqu'elle croit avoir besoin
d'un appui.

Lorsqu'un militaire déserte ou s'évade de
prison, son signalement doit être adressé dans
les vingt-quatre heures, au plus tard, au prévôt
ou au commandant de la force publique qui est
chargé de prendre les mesures nécessaires pour
son arrestation.

Pour faciliter l'exécution de leur service, les
gendarmes sont autorisés à pénétrer à toute
heure de jour et de nuit à l'intérieur des cantonnements. A cet effet, ils sont munis du mot
d'ordre.

Dans les marches, la gendarmerie suit les
colonnes, arrête les pillards et fait rejoindre les
trainards.

La chasse est défendue en campagne aux
militaires de tout grade. La gendarmerie signale
les infractions à cette règle.

TITRE XV

DU COMBAT.

CHAPITRE Ier.

Considérations générales.

ART. 128. Le combat peut être offensif ou défensif, mais il a toujours pour but de briser par la force la volonté de l'ennemi et de lui imposer la nôtre. Seule l'offensive permet d'obtenir des résultats décisifs. La défensive passive est vouée à une défaite certaine; elle est à rejeter absolument.

Tout combat est précédé de préliminaires destinés à orienter le commandement sans engager sa liberté d'action. Ces préliminaires consistent généralement dans la prise de contact et l'engagement des avant-gardes succédant à l'action de la cavalerie.

Les avant-gardes, constituées en troupes de toutes armes, ont pour mission de procurer au commandement l'espace et le temps nécessaires pour réunir ses moyens d'action et les renseignements définitifs qu'il lui faut pour agir en connaissance de cause; elles peuvent avoir, en outre, à prendre possession de certains points dont l'occupation est jugée nécessaire pour le développement ultérieur du combat.

Tant que les avant-gardes seules sont en présence, le commandement doit rester libre de refuser le combat ou de l'engager.

Une fois engagé, le combat présentera généralement trois phases principales : *la préparation, — l'action décisive. — l'achèvement,* — d'où résulte naturellement la répartition des forces, dont le principe peut se résumer ainsi :

Opposer à l'ennemi, sur tous les points où il montre des troupes, le minimum de forces nécessaires pour le contenir, l'immobiliser et l'user, en le tenant à tout instant sous la menace d'une crise décisive — c'est le combat de préparation ;

Réserver une partie des forces pour produire un effort violent et concentré sur le point décisif — c'est l'acte principal de la lutte, l'attaque décisive ;

Garder une réserve, tenue soigneusement à l'abri des émotions de la lutte, jusqu'à la solution définitive de l'affaire, pour compléter le succès ou limiter l'insuccès — c'est la poursuite à outrance ou le rétablissement de l'ordre.

Ces phases n'ont pas toujours la même importance relative : tantôt la préparation sera courte et énergique, quand on se trouvera, par exemple, en mesure d'écraser par surprise des troupes ennemies, de tomber sur une aile ou sur un flanc de l'adversaire avec des forces supérieures;..... tantôt, au contraire, les deux adversaires, bien renseignés, s'aborderont avec toutes leurs forces et alors elle prendra tout son développement.

C'est à ce dernier cas que s'appliquent les considérations qui vont suivre.

CHAPITRE II.

Phases du combat.

Combat de préparation.

ART. 129. Le combat de préparation peut durer plusieurs heures; dans les grandes batailles, il se prolongera même parfois pendant plusieurs journées; il réclamera une vigueur et une somme d'efforts toujours croissantes [1].

---

[1] On l'a appelé combat « démonstratif » ou « traînant ». Ces appellations sont défectueuses : le commandant en chef a seul qualité pour régler l'intensité de la lutte engagée sur les différentes parties du front, soit en les alimentant à son gré de renforts, soit en prévenant leurs chefs de n'avoir à compter que sur leurs propres moyens, soit enfin en précisant les objectifs successifs à atteindre et à ne pas dépasser; mais toute troupe engagée doit aller au feu avec la conviction qu'elle contribuera plus que toutes les autres à la décision de l'affaire.

Les chefs des grandes unités chargées du combat de préparation reçoivent du commandant en chef l'indication de leurs zones d'action respectives et celles des objectifs particuliers et successifs qu'ils doivent atteindre. Ils conservent dans l'exécution leur initiative entière, de façon à pouvoir mettre à profit toutes les occasions favorables, cherchant toujours à gagner du terrain en avant, mais sous la réserve de n'avoir à compter, en principe, que sur leurs propres forces.

Le commandant en chef reste libre d'augmenter l'intensité du combat sur les points où il le jugera utile, par l'envoi des renforts dont il croit pouvoir disposer — comme aussi de la diminuer éventuellement sur d'autres points, en y prescrivant une attitude provisoirement défensive ou la seule conservation du terrain acquis.

L'artillerie entre en action aussitôt que possible; elle se consacre à la lutte sans ménagements et contrebat avec énergie l'artillerie ennemie, qu'elle s'efforce de dominer le plus rapidement possible.

L'infanterie s'engage en progressant pied à pied, de point d'appui en point d'appui, vers les objectifs qui lui sont assignés. — Elle y est aidée par l'artillerie, qui prépare chacune de ses attaques partielles.

Sa mission est rude et laborieuse :

Il faut, en effet, **user** l'ennemi par des pertes graves et continues, le menacer constamment afin de l'obliger à engager ses réserves, l'immobiliser par des attaques partielles et contenir celles qu'il peut tenter, eussent-elles même le caractère d'un effort décisif.

Attaque décisive.

ART. 130. Pendant que le combat de préparation occupe et use l'ennemi, le commandant en chef rapproche du point qu'il a choisi les troupes destinées à l'attaque décisive : le choix de ce point résulte pour lui soit des indications du combat lui-même, soit des circonstances qui lui ont permis de se décider à l'avance.

La masse qui va donner cette attaque décisive doit avoir conservé tout son élan au moment d'aborder l'ennemi. Il faut aussi qu'elle produise un effet de surprise.

Pour ces deux raisons, il est nécessaire de la tenir jusqu'au dernier moment à l'abri des pertes et des vues, et de l'amener intacte et fraîche, par des cheminements judicieusement choisis d'après le terrain, au dernier couvert, le plus rapproché possible de l'ennemi, où elle sera définitivement placée face à son objectif d'attaque et d'où elle s'ébranlera droit devant elle au moment voulu.

Ce moment, il faut le juger et le saisir. Une action prématurée peut échouer; trop tardive, elle peut laisser à l'adversaire l'initiative d'une action inverse. Savoir choisir, se décider avec promptitude et cependant avec maturité, telle est l'œuvre capitale du chef, œuvre de caractère et de coup d'œil.

Dans tous les cas, l'attaque décisive doit être préparée spécialement par une concentration rapide, violente et intense des feux de toute l'artillerie et des troupes d'infanterie qui voient l'objectif choisi.

Cette préparation spéciale doit coïncider avec un redoublement d'efforts et de feux sur tout le front de la bataille.

Lorsqu'elle est jugée suffisante par le commandant en chef, les troupes de l'attaque décisive s'engagent sur son ordre, irrévocablement et sans arrière pensée, n'ayant qu'un but, celui d'aborder l'adversaire. Souvent elles pourront être aidées par l'intervention énergique de la cavalerie, soit sur les ailes, soit sur les derrières de l'ennemi.

La densité de leur ligne de combat doit être, dès le début, particulièrement forte.

Là, comme sur toute la ligne, mais plus encore, l'échelonnement en profondeur est nécessaire : il permet la poussée incessante d'arrière en avant, faite par les fractions constamment portées sur la chaîne, non pas pour la renforcer seulement, mais pour étayer et entretenir sans cesse son irrésistible élan vers l'ennemi.

Chacun ne doit plus avoir qu'une seule pensée : marcher sur la fraction qui précède et la pousser en avant quand même, et chacun doit comprendre aussi qu'à ce moment-là, le danger diminue constamment avec la durée de la crise, c'est-à-dire avec la distance à franchir pour joindre l'ennemi.

Le feu sera entretenu avec une violence croissante, non seulement sur le point choisi pour l'attaque décisive, mais sur tout le front de combat, car il serait téméraire de songer à déloger un adversaire déterminé, sans l'avoir, au préalable, ébranlé et affaibli par des pertes écrasantes.

Mais le feu ne suffit pas : il faut pousser l'attaque à fond et donner l'assaut en lançant finalement toute la masse sur les positions de l'adversaire.

Les troupes de préparation attaquent à fond comme celles de l'attaque décisive, et en même temps qu'elles. Elles pourront même procurer le succès définitif, si on ne réussissait pas à dénouer la crise sur le point où on avait compté le faire.

Poursuite ou rétablissement de l'ordre.

ART. 131. Le choix du point où la réserve générale sera rassemblée dépend du lieu où l'on a massé pour l'événement final les troupes chargées de l'attaque décisive ; car elle doit être à portée d'intervenir efficacement et sans retard, pour appuyer au besoin cette attaque. En outre, la réserve générale doit être placée, autant que possible, de manière à couvrir les lignes de retraite.

Si l'ennemi battu se retire, il faut compléter le succès par la poursuite. Les feux de l'infanterie et ceux de l'artillerie hâteront la retraite ; la cavalerie se lancera à sa suite ; on ne lui laissera ni le temps ni le moyen de se ressaisir.

Cet achèvement de la victoire est l'œuvre essentielle de la réserve générale.

Si, au contraire, l'attaque décisive n'a pas réussi, c'est la réserve générale qui mettra tout en œuvre pour arrêter ou ralentir la poursuite de l'ennemi, et permettre à ses propres troupes de se réorganiser.

Défensive.

ART. 132. Les indications qui précèdent s'appliquent à l'offensive comme à la défensive.

Dans la défensive, les avant-gardes peuvent être remplacées par des avant-postes de combat ayant pour mission de renseigner sur les mouvements et les forces de l'ennemi, de forcer celui-ci à se déployer et à montrer ses intentions.

La ligne de défense sur laquelle on veut attendre l'adversaire peut être renforcée par des travaux de campagne ; mais on évitera de l'occuper avant d'avoir reconnu la direction de l'attaque.

Les flancs de cette ligne seront protégés par des échelons la débordant en arrière, à moins qu'ils ne soient appuyés à des obstacles infranchissables.

Les phases de la lutte se dérouleront comme dans le combat offensif; car, si la défensive est destinée à attirer l'ennemi sur un terrain où l'on croit pouvoir lutter dans de bonnes conditions, elle doit, comme le combat offensif, avoir pour but de battre l'adversaire et, il y a lieu de le répéter, de briser par la force sa volonté.

CHAPITRE III.

Propriétés et rôles des différentes armes.

Cavalerie.

Art. 133. La *cavalerie* explore, reconnaît et combat.

La cavalerie d'exploration, agent personnel d'information du général en chef, est envoyée par lui, où et quand il le veut, en quête de renseignements dont il se réserve la désignation exacte.

Le chef de la cavalerie d'exploration a le devoir de transmettre en temps utile au commandement les renseignements qui lui sont demandés; son indépendance est limitée au choix des moyens à employer pour y parvenir.

Cette cavalerie peut recevoir, en outre, des missions spéciales contre les colonnes de l'ennemi ou contre ses convois; elle doit, sans s'écarter des instructions qu'elle a reçues, ni du but momentané qu'on lui a fixé, saisir toutes les occasions de détruire la cavalerie ennemie.

Dans le combat, elle agit suivant l'esprit des instructions que lui a données le commandant en chef; elle cherche par tous les moyens à apporter un concours constant et efficace aux autres troupes, avec lesquelles elle a toujours soin de rester en relations suivies.

Elle est l'arme par excellence de la surprise et, par suite, pourra souvent amener les plus grands résultats en intervenant brusquement soit sur une aile, soit sur les derrières de l'adversaire.

La cavalerie de corps d'armée et la cavalerie divisionnaire éclairent et renseignent le commandement dont elles dépendent dans la zone qui leur est précisée. Elles doivent écarter la cavalerie ennemie, garantir les colonnes contre toute surprise, couvrir les déploiements, et, pendant le combat, rechercher constamment l'occasion d'intervenir utilement dans l'action.

Dans la poursuite, la cavalerie se lance sur l'ennemi en retraite, sans trève ni repos.

Dans la retraite, elle se sacrifie totalement, s'il le faut, pour donner aux autres troupes le temps d'échapper.

Infanterie.

ART. 134. L'*infanterie* conquiert et conserve le terrain. Elle chasse définitivement l'ennemi de ses positions.

C'est à elle qu'incombe la tâche la plus rude mais aussi la plus glorieuse de la bataille.

Par cela même qu'elle a besoin de toutes ses forces, de toute son énergie, et qu'elle se prodigue sans compter au moment de l'attaque, il faut la ménager, lui éviter des pertes inutiles pendant le déploiement et l'amener au feu à l'abri des vues de l'ennemi en utilisant le terrain autant que possible.

Ses deux moyens de lutte sont : *le feu* et *le mouvement en avant.*

Le feu est l'élément de préparation; le mouvement en avant est l'élément d'exécution.

Le feu n'a tout son effet utile que si la discipline en est sévèrement observée.

Le mouvement en avant, de point d'appui en point d'appui, de couvert en couvert, précède donc l'action par le feu jusqu'à ce que l'on se soit approché à bonne distance de tir des troupes ennemies.

Lorsque le feu a affaibli suffisamment l'ennemi, le mouvement en avant lui succède pour aborder l'adversaire.

Le mouvement en avant, seul, est décisif et irrésistible; mais il ne l'est que lorsque le feu efficace, intense, lui a ouvert la voie.

Artillerie.

ART. 135. L'*artillerie* commence le combat prépare les attaques partielles ainsi que l'attaque décisive, et achève la lutte.

C'est sous sa protection que se meuvent les

autres armes, qui, en revanche, lui garantissent
la sécurité; elle est leur point d'appui et facilite
leur marche en avant en brisant les obstacles
qui peuvent les arrêter.

Dans la reconnaissance qui précède le combat,
il faut déterminer tout d'abord les positions
qu'occupera l'artillerie; ces positions dépendent, à la fois, du dispositif général que compte
adopter le général en chef, et des formes du
terrain; elles sont destinées à faciliter d'un
côté le déploiement de l'infanterie et la con-
quête du terrain par cette arme, d'un autre
côté, la lutte contre l'artillerie ennemie.

Dès le début du combat, l'artillerie doit mettre toute son énergie, tous ses moyens à prendre sur l'artillerie adverse la supériorité du
feu.

Les éléments de succès dans cette lutte sont:
le nombre de ses batteries que l'on doit se tenir prêt à faire agir en totalité, dès ce moment,
tout en ménageant le principe de ne pas sépa-
rer l'artillerie des divisions auxquelles elle est
rattachée, l'entrée en action instantanée et par
surprise de ces batteries, enfin la convergence
de leurs feux et l'unité d'action.

Cette lutte a surtout pour but de permettre
ensuite à l'artillerie de consacrer le plus de
forces disponibles à sa tàche principale qui est
d'appuyer coûte que coûte, matériellement et
moralement, l'infanterie pendant les périodes
successives du combat.

Dans la préparation spéciale de l'attaque
décisive, elle joue un rôle prépondérant, tant

par l'entrée en action de nouvelles batteries aussi nombreuses que possible, qui viennent ouvrir, brusquement et violemment, le feu sur le point choisi, que par l'accélération du tir de toutes les batteries à portée de préparer ou d'appuyer l'attaque.

Dans l'attaque décisive même, en suivant l'infanterie par échelons et par grands bonds, l'artillerie contribue puissamment à donner de l'entrain à l'attaque et à démoraliser l'ennemi. Elle attire sur ses batteries une partie du feu de l'ennemi, soulage d'autant l'infanterie et prend ainsi sa large part à la réussite de l'acte final et décisif du combat.

Dans le succès elle poursuivra le vaincu de ses feux; en cas de revers, elle retardera la poursuite et c'est sous sa protection que pourront s'opérer les ralliements successifs.

Génie.

ART. 136. Le génie accompagne les colonnes et facilite leur mouvement en écartant ou détruisant les obstacles qu'elles rencontrent.

Il contribue à la mise en état de défense des localités et, s'il y a lieu, à la construction d'ouvrages de fortification passagère, ainsi qu'à l'organisation de positions de repli.

CHAPITRE IV.

Action du commandement.

ART. 137. Les dispositions à prendre par le chef pour la conduite des troupes pendant le combat doivent varier en raison du nombre des troupes opposées, de leur moral, de la nature de la guerre, du but poursuivi....

Elles ont pour base le service d'information, qui incombe surtout à la cavalerie et aux états-majors, et dont l'importance ne saurait être trop mise en relief.

Il est essentiel, en effet, de prendre et de conserver sur les troupes ennemies l'initiative des mouvements, de leur imposer la bataille à son heure, et de savoir garder toujours sa liberté d'action, ou tout au moins rester maître du moment, du lieu et de la direction de l'attaque décisive.

Dans toutes les opérations qui précèdent le combat, le chef devra donc redoubler de vigilance, de façon à s'éclairer le plus complètement possible sur les mouvements de l'ennemi, à déjouer à temps ses desseins et à le forcer à les changer. Il cherchera à se donner toutes les chances de vaincre en s'efforçant de concentrer avant l'ennemi toutes ses forces, sans en négliger aucune, à proximité du lieu où il pense dénouer la crise.

Il lui est avantageux, dans ce but, et aussi

12,

pour être prêt à toutes les éventualités, de donner à ses troupes un dispositif général en profondeur, qui seul lui permettra de garder jusqu'au dernier moment la liberté de manœuvrer dans toutes les directions. En déployant prématurément ses troupes en vue des intentions présumées de l'ennemi, le chef ne ferait que paralyser ses propres mouvements et livrer ses troupes sans défense aux entreprises d'un adversaire manœuvrier.

Il n'y a pas d'ordre naturel de bataille : les circonstances le déterminent. Des troupes qui se rangeraient toujours de la même manière seraient indubitablement battues par celles qui sauraient changer leur ordre de bataille suivant les circonstances et le terrain.

Pour vaincre l'ennemi, il n'est pas nécessaire d'anéantir successivement tous ses éléments. La destruction soudaine, au moment voulu, d'une partie de ses forces, suffira généralement pour briser sa volonté.

Être le plus fort au point et au moment voulus, tel paraît être le secret du succès.

Une fois sa résolution prise, le chef doit mettre toute son énergie à en poursuivre l'exécution et à éviter les contre-ordres pendant la lutte; car la victoire dépend plus encore de la vigueur et de la ténacité dans l'exécution que de l'habileté des combinaisons.

Ses ordres doivent pouvoir être transmis rapidement et sûrement, du haut en bas de l'armée. Les efforts des troupes seront d'autant plus concordants, plus énergiques, que la volonté du chef et le but qu'il peut atteindre seront mieux connus de tous.

D'un autre côté, pour que l'exécution réponde sans hésitation et sans perte de temps à la volonté du chef exprimée par ses ordres, il est indispensable, non seulement que son état-major soit rompu à sa manière de voir et de faire, mais encore qu'il y ait, en ce qui concerne le combat, unité de doctrine entre lui et ses troupes, comme entre les différentes armes.

Avant la lutte, le chef doit se porter à hauteur des têtes de colonnes afin d'être orienté le plus rapidement possible par l'engagement des avant-gardes. Il communique alors aux chefs des grandes unités son but, son plan, toute sa pensée.

Il fixe les zones d'action, les objectifs et le rôle de chacun, et désigne les unités qui doivent jusqu'à nouvel ordre rester hors de l'engagement ainsi que les points où elles se rassembleront.

Lorsqu'il est sûr que ses intentions sont comprises, il laisse aux responsables le choix des moyens : c'est un devoir pour lui de ne pas mettre d'entraves à l'initiative de ses subordonnés.

Il fixe le plus tôt possible l'emplacement qu'il compte occuper lui-même pendant le combat et il a soin de l'indiquer avec précision dans ses ordres.

Pendant le combat de préparation, il désigne, d'après la tournure que prend l'action, celles des troupes, gardées hors de la lutte, qui constitueront la masse chargée de l'attaque déci-

sive, et celles qui formeront la réserve générale.

Dès qu'il prévoit le lieu et le moment probables de l'attaque décisive, il donne des ordres
pour la préparation de cette attaque, et pour
les mouvements préalables des troupes qui vont
l'exécuter.

Enfin il choisit et fixe l'instant de l'attaque
et garde à sa disposition immédiate, pour en
faire usage d'après les circonstances, les troupes
de la réserve générale.

En cas de revers, il doit espérer et lutter jusqu'au bout donner immédiatement des ordres
pour rétablir la confiance, et exiger tous les
sacrifices que comporte le souci des intérêts et
aussi de l'honneur de la Patrie.

Jamais on ne doit capituler en rase campagne; c'est un acte déshonorant et formel-
lement proscrit.

CHAPITRE V.

Devoir des officiers et des soldats.

Art. 138. La liaison la plus étroite entre les
différents organes du commandement, sur le
champ de bataille, est une garantie essentielle
du succès et une nécessité de premier ordre.

Les chefs des grandes unités, comme des plus
petites fractions, doivent provoquer les ordres
s'ils ne les reçoivent pas; se tenir au courant
de ce qui se passe autour d'eux et agir à tout

instant, non seulement en vue de leur mission spéciale, mais au mieux de l'intérêt général.

L'union la plus parfaite et un dévouement à toute épreuve doivent caractériser les rapports des différents chefs entre eux.

Il faut toujours marcher au canon ou à la fusillade, quand on n'a pas reçu l'ordre formel d'agir autrement ou qu'on n'est pas soi-même aux prises avec l'ennemi.

En cas de rencontre imprévue de l'ennemi, tout chef de détachement doit employer toute son initiative pour atteindre quand même le but qui lui a été assigné; en général il devra attaquer pour pouvoir continuer le plus tôt possible l'opération prescrite, ou tout au moins pour chercher à voir clair dans la situation, pour faire des prisonniers et pour être à même de donner d'utiles renseignements.

Une solidarité complète doit régner entre les diverses armes.

Toutes les qualités des troupes, la discipline, l'instruction, l'habileté au tir, l'entraînement à la marche, les aptitudes manœuvrières, et par-dessus tout les qualités morales, sont les éléments les plus indispensables pour assurer le succès.

C'est la valeur des troupes qui décide des affaires en dernier ressort:

Quel que soit leur nombre, quelle que soit l'habileté des combinaisons du chef, il faut toujours, sur certains points, résister jusqu'au bout et se faire tuer sur place plutôt que d'aban-

donner le drapeau; sur d'autres, marcher coûte
que coûte à l'ennemi et le chasser de sa position.

Le moral des armées non aguerries par de
récentes campagnes peut être ébranlé dans les
premiers combats. Il importe donc, pendant les
périodes de paix, d'élever bien haut l'esprit et le
cœur du soldat, et de lui persuader que le salut
de la Patrie dépendra de son aptitude à suppor-
ter virilement les fatigues et les privations de la
guerre, comme de sa ténacité, de sa bravoure
et de son entrain au feu.

Avant le combat, il faudra lui rappeler tout
ce qui peut faire espérer la victoire; pendant
la lutte, on ne craindra pas de lui signaler à
l'avance les périls à courir, car un danger prévu
impressionne moins que la surprise; on lui mon-
trera aussi qu'une fois en marche pour l'assaut,
la meilleure manière de diminuer les dangers
consiste à aborder l'ennemi le plus tôt possible.

Les officiers et les sous-officiers ont le devoir
de s'employer avec énergie au maintien de
l'ordre et de retenir à leur place, par tous les
moyens en leur pouvoir, les militaires sous leurs
ordres; au besoin, ils forcent leur obéissance.

Enfin ils doivent être bien pénétrés de l'idée
que leur première et leur plus belle mission
consiste à donner l'exemple à leurs troupes.
Nulle part le soldat n'est plus obéissant et plus
dévoué qu'au combat. Il a les yeux constamment fixés sur ses chefs. Leur bravoure et leur
sang-froid passeront dans son âme; ils le ren-

dront capable de toutes les énergies et de tous les sacrifices.

CHAPITRE VI.

Prescriptions diverses.

———

Service de santé.

ART. 139. **Tous les médecins de l'armée sont** responsables, chacun en ce qui le concerne, du service de santé. Ils utilisent les moyens de secours et de transport pour les blessés, conformément aux prescriptions des règlements spéciaux sur le service de santé en campagne.

Dès que le combat commence, si aucun ordre du commandement ne leur est parvenu, ils déterminent de leur propre initiative l'emplacement des postes de secours, des relais d'ambulance et des ambulances elles-mêmes.

Avec le concours des infirmiers et des brancardiers, ils assurent le relèvement et le traitement des blessés.

Après l'engagement, ils rendent compte à leurs chefs immédiats du fonctionnement de leur service (entrés, évacués, décédés, restants....).

Mesures à prendre après le combat.

ART. 140. Après la victoire et dès que les dispositions ont été prises en vue de la poursuite, le service de sûreté est commandé, les positions à occuper par les différents corps leur sont assignées ; le chef d'état-major donne des ordres pour assurer les distributions, pour rechercher les blessés des deux armées et leur assurer les soins nécessaires, faire enterrer les morts après constatation de leur identité et assainir le champ de bataille.

Des corvées fournies par les corps ou requises dans la population et des moyens supplémentaires de transport peuvent être mis à la disposition des chefs de service.

Jusqu'à l'achèvement de ces opérations, un service de police auquel concourt la gendarmerie est organisé sur tout le champ de bataille.

Le commandant de l'artillerie fait recueillir le matériel, les armes, les munitions et les effets d'équipement restés sur le terrain.

Les prisonniers faits par les différents corps sont rassemblés, s'il y a lieu, et dirigés sur les dépôts désignés par le commandement.

Rapports. — Mention à l'ordre et au bulletin.

Art. 141. Les commandants de compagnie, d'escadron et de batterie, et tous les officiers supérieurs et généraux, jusqu'au commandant en chef, concourent, chacun en ce qui le concerne, au rapport écrit de la journée. Les officiers signalent les hommes qui se sont distingués ; par contre, les soldats qui auraient manqué à leur devoir sont toujours l'objet de rapports spéciaux.

Lorsqu'un militaire paraît avoir mérité une mention particulière pour sa belle conduite, pour avoir pris un drapeau, un canon, sauvé son général ou son chef, ou pour tout autre acte de dévouement, il devient l'objet d'un rapport d'après lequel le commandant en chef décide s'il doit être cité à l'ordre de l'armée, et de plus dans le bulletin des opérations; cette dernière mention ne peut être obtenue sans que la première ait eu lieu.

Ce rapport est rédigé et signé par l'officier supérieur ou autre, sous les yeux duquel le fait s'est passé, même quand il s'agit d'un officier sans troupe; il est vérifié avec soin par le général de brigade et par le général de division; ces officiers généraux y consignent leur avis motivé, de manière qu'il soit bien constaté que la mise à l'ordre de l'armée et la mention au bulletin, ainsi que les récompenses qui doivent résulter, ont été réellement méritées.

Enfin les bulletins ne contiennent d'éloges individuels que si toutes ces formalités ont été exactement remplies; le rapport de la journée qui, souvent, doit être rédigé et renvoyé sur-le-champ, ne renferme que des éloges généraux et le récit des opérations.

Sont abrogés les titres I à XV du Règlement du 26 octobre 1883 et le Règlement provisoire du 11 mai 1894 sur le service des armées en campagne.

Fait à Paris, le 28 mai 1895.

FÉLIX FAURE.

Par le Président de la République ·

Le Ministre de la Guerre,

Général ZURLINDEN.

ANNEXE.

EXTRAIT du règlement du 20 octobre 1892, sur le service intérieur des corps de troupe.

. . . .

A grade égal, les officiers, fonctionnaires et agents de l'armée active ont le commandement sur les officiers, fonctionnaires et agents de réserve et sur ceux de l'armée territoriale. Toutefois, l'officier retraité, classé avec son grade dans la réserve, a le commandement sur les officiers du même grade de l'armée active promus à une date postérieure à celle de sa nomination à ce grade.

L'officier retraité classé dans l'armée territoriale conserve les mêmes droits au commandement, mais à l'égard des officiers de l'armée territoriale seulement.

Les officiers démissionnaires, à qui il est tenu compte du temps qu'ils ont passé comme officiers dans l'armée active, ne conservent pas les droits au commandement que leur conférait leur ancienneté au moment où ils ont quitté l'armée.

Les officiers de l'armée active ont le commandement sur les officiers de réserve du même grade provenant des officiers retraités plus anciens qu'eux, mais qui sont arrivés à ce grade par avancement dans la réserve.

Les anciens officiers de l'armée active, revêtus dans la réserve du grade qu'ils possédaient dans l'armée active, ont, à égalité de grade, le commandement sur les autres officiers, même plus anciens, qui n'ont pas servi dans l'armée active avec ce grade.

Les officiers de réserve et les officiers de l'armée territoriale qui n'ont pas servi dans l'armée active ne peuvent, dans aucun cas, exercer les fonctions, soit de chef de corps ou de service, soit de commandant de dépôt.

EXTRAIT de l'ordonnance du 18 février 1844, sur les droits au commandement des officiers étrangers.

Les officiers étrangers ne peuvent exercer, ni titulairement, ni provisoirement, le commandement en chef d'une armée, ou d'un corps d'armée.

Ils ne peuvent exercer le commandement

d'une place forte ou d'un poste de guerre,
qu'à défaut d'officier français ; si donc il s'en
trouve dans la place ou le poste, le plus ancien dans le grade le plus élevé parmi eux,
quel que soit ce grade, remplit les fonctions
de commandant de place. L'officier étranger
conserve, d'ailleurs, le commandement des
troupes, s'il est supérieur en grade.

Les officiers étrangers peuvent exercer provisoirement le commandement des détachements dans lesquels des troupes des régiments
français et des troupes des corps étrangers se
trouvent réunies ; mais seulement à raison de
la supériorité de grade et jamais d'après leur
ancienneté, le commandement, à grade égal,
revenant toujours, dans ce cas, au plus ancien
officier français de ce grade faisant partie
du détachement. Quant au commandement
par intérim des parties constituées des corps
étrangers et au commandement provisoire des
détachements uniquement composés de troupes
de ces corps, tous les officiers en faisant partie
concourent, pour les exercer, à grade égal,
d'après leur classement d'ancienneté et sans
distinction d'origine.

Sont seuls considérés comme officiers français les officiers nés ou naturalisés français,
qui sont pourvus de leur grade conformément
à la loi sur l'avancement; les officiers français
ou naturalisés français servant au titre étranger
sont assimilés en toutes circonstances aux
officiers étrangers et n'ont d'autres droits que
ceux dont jouissent ces officiers.

Les dispositions qui précèdent sont applicables aux corps indigènes dans les limites posées par les ordonnances constitutives de ces corps.

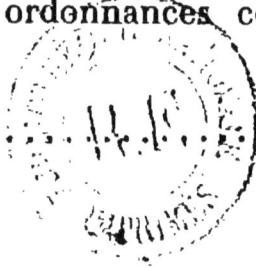

TABLE DES MATIÈRES.

TITRE Iᴱᴿ.

ORGANISATION GÉNÉRALE DE L'ARMÉE.

CHAPITRE Iᵉʳ.

CHAPITRE II.

DU COMMANDEMENT.

CHAPITRE III.

DES ÉTATS-MAJORS ET DES QUARTIERS GÉNÉRAUX.

CHAPITRE IV.

DES SERVICES.

13

CHAPITRE III.

PROTECTION IMMÉDIATE DES COLONNES.

CHAPITRE IV.

AVANT-POSTES.

TITRE V.

DES MARCHES.

CHAPITRE III.

DISPOSITIONS DE DÉTAIL RELATIVES AUX TRAINS
RÉGIMENTAIRES, PARCS ET CONVOIS.

TITRE VI.

CANTONNEMENTS, BIVOUACS ET CAMPS.

CHAPITRE Iᵉʳ.

PRINCIPES GÉNÉRAUX.

CHAPITRE II.

DU CANTONNEMENT.

CHAPITRE III.

BIVOUACS.

CHAPITRE IV.

CHAPITRE V.

MESURES À PRENDRE POUR L'ORDRE ET LA SÉCURITÉ DANS LES CANTONNEMENTS ET BIVOUACS.

TITRE VII.

REMPLACEMENT DES MUNITIONS.

TITRE XIV.

DU COMBAT.

CHAPITRE Iᵉʳ.

CONSIDÉRATIONS GÉNÉRALES.

CHAPITRE II.

PHASES DU COMBAT.

CHAPITRE III.

PROPRIÉTÉS ET RÔLES DES DIFFÉRENTES ARMES.

CHAPITRE IV.

ACTION DU COMMANDEMENT.

CHAPITRE V.

DEVOIRS DES OFFICIERS ET DES SOLDATS.

CHAPITRE VI.

PRESCRIPTIONS DIVERSES.

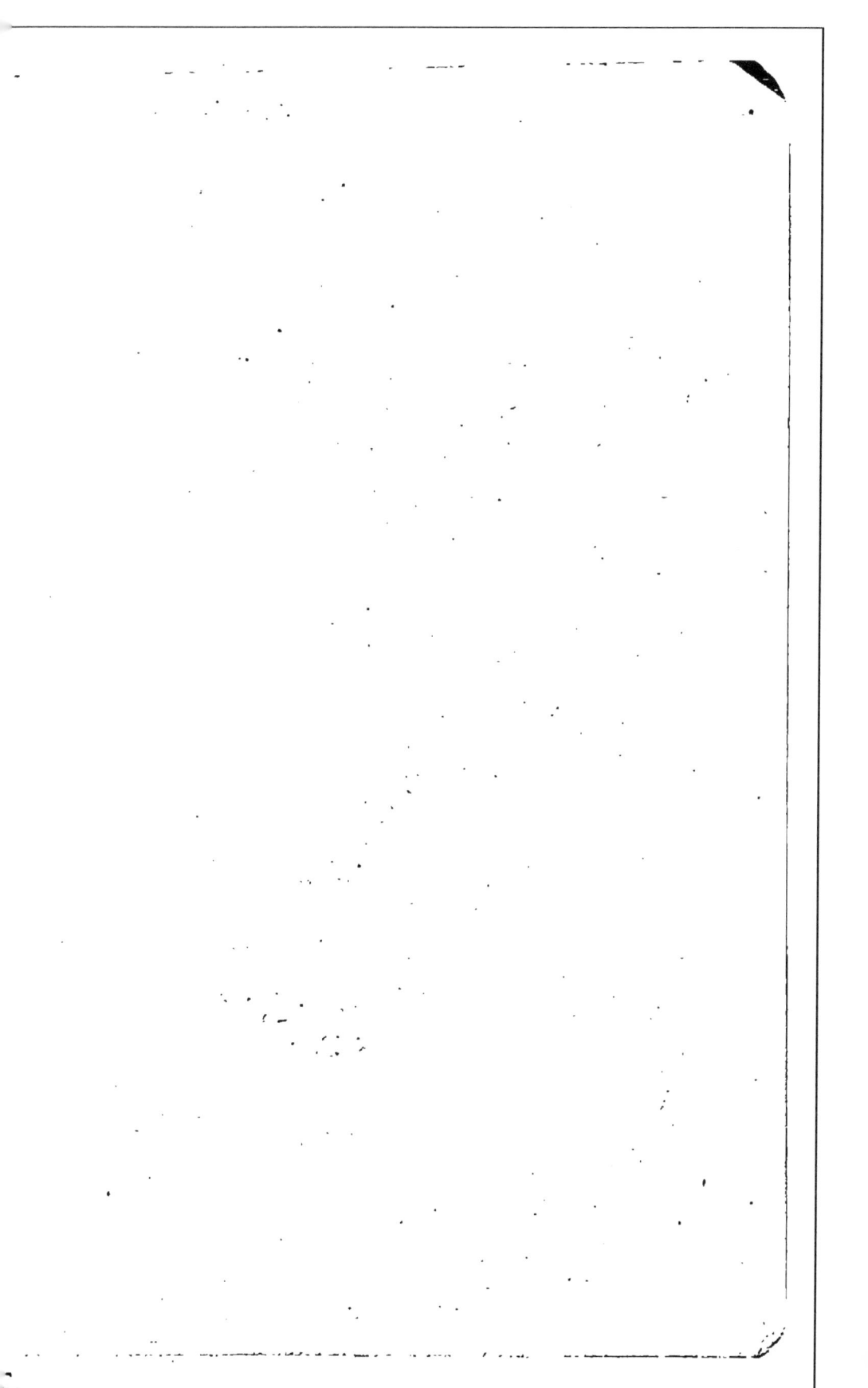

www.ingramcontent.com/pod-product-compliance
Lightning Source LLC
Chambersburg PA
CBHW060531210326
41519CB00014B/3194